완벽한 남자
에마뉘엘
마크롱

**Emmanuel
Macron**
un jeune homme si parfait

완벽한 남자
에마뉘엘
마크롱

안느 풀다 **Anne Fulda** 지음 │ 김영란 옮김

황소걸음
Slow & Steady

"

제가 대통령이 되고자 하는 이유는

여러분을 이해하기 때문입니다.

그리고 여러분을 사랑하기 때문입니다.

"

에마뉘엘 마크롱

(2017년 2월 18일 툴롱의 집회에서)

차 례

앙 마르슈 마크롱

"에마뉘엘 마크롱? 그는 돌연변이다." 정치인을 잘 아는 소설가 미셸 우엘베크Michel Houellebecq[1]는 그에게 돌연변이라는 수식어를 붙였다. 2017년 1월, 아무도 예상치 못한 대선 후보 에마뉘엘 마크롱에 대해 질문을 받자 《소립자Les Particules élémentaires》를 쓴 우엘베크는 고백했다. "당황스럽다. 그가 어디에서 나타났는지 솔직히 잘 모르겠다. 인터뷰를 했는데 말을 너무 잘해서 어떤 사람인지 파악하기 정말 힘들다."

늘 상냥하게 미소 짓는, 프랑스 최고 엘리트 교육을

---

[1] 프랑스 소설가. 《지도와 영토La Carte et le territoire》로 2010년 공쿠르상을 받았다.

받았으며 고위 관료 출신인 에마뉘엘 마크롱은 파악하기 어렵다. 사생활을 거의 드러내지 않다가, 이용하고 싶을 때는 자신이 원하는 부분만 너그러운 척 드러내는 그에 대해 제대로 아는 사람은 없다. 친구도 별로 없다. 부인 브리지트 마크롱Brigitte Marie-Claude Macron은 다음과 같이 말했다. "에마뉘엘은 온 세상 사람들의 관심을 받지만, 아무도 자기 울타리 안에 들이지 않아요. 항상 거리를 두죠." 경제산업부 장관을 역임한 그는 자신의 미스터리한 부분, 많이 노출되었을지라도 감추고 싶은 부분은 반드시 지킨다. 그는 약간 각색되고 미화된 개인적인 이야기를 자신의 야망을 위해 이용한다.

돌연변이 에마뉘엘 마크롱은 언론에 조금씩 이름이 언급되며 슬그머니 등장했다. 언론은 엘리제궁 집무실에서 자연스럽게 재킷을 벗고 포즈를 취하는 훈훈한 외모의 고위 관료에게 호감을 가질 만했다. 사람들은 매우 총명하고 호감이 가는 남자, 앞으로 중요한 인물이 될 이 남자에 대해 궁금해했다. 게다가 그는 철학자다. 권부의 사무실과 언론의 보도국에서 로스차일드 은행 출신인 그의 이름이 빠르게 퍼져나갔다.

'마뉘'라는 이름으로 저장된 그의 전화번호로 프랑스를 대표하는 40대 상장 기업의 회장, 언론인, 국회의원,

정치인과 늦은 밤까지 통화했다. 그들은 그때 상대하던 그가 어떤 인물인지 즉각 깨닫지 못했다.

에마뉘엘 마크롱은 프랑수아 올랑드François Hollande[2]와 동행했다. 그는 자신의 재능을 인정해주는 모든 사람, 정상에 오르는 사다리를 짧게 해줄 수 있는 모든 이와 함께했다. 열심히 관찰하고 통달하여 꼭 필요한 존재가 되었고, 체제에 녹아들면서도 정치인으로 부각되기 위해 반체제 후보임을 자청했다.

에마뉘엘 마크롱은 모든 대부에게 귀 기울이고 공감한 것처럼 프랑스의 이야기에 귀 기울이고 공감했다. 그를 사랑하는 사람들은 그가 스펀지처럼 흡수한다고 말한다. 국립행정학교École nationale d'administration[3] 동창 한 명은 "거머리처럼 사람을 빨아들인다"고 약간 잔인하게

---

2 프랑스 5공화국의 24대 대통령(2012~2017년). 사회당 소속으로 2012년 대통령에 당선되어 미테랑 이후 17년 만에 정권 교체를 이뤘다. 정치인 세골렌 루아얄Marie-Ségolène Royal과 동거하며 네 자녀를 두었으나, 2007년 결별했다. 2010년 언론인 발레리 트리에르바일레르Valérie Trierweiler와 연인이 되었으나, 영화배우 줄리 가예Julie Gayet와 밀회한 사실이 드러나 2014년 결별했다.
3 프랑스의 최고 명문 그랑제콜Grandes écoles로, 프랑스 고위층이 대부분 이곳 출신이다.

표현했다. 그 동창은 "마크롱은 감정이 없는 존재"이며, 올랑드처럼 상냥한 외모 뒤에 강철로 된 내면을 감추고 있다고 말했다.

에마뉘엘 마크롱은 시간을 경이롭게 다룰 줄 안다. 그는 절대 서두르지 않는다. 그는 사랑과 배려의 증거를 보여주기 위해 자기 시간을 내어줄 준비가 되어 있다. 유혹의 평범한 요소다. 그는 오스카 와일드Oscar Wilde의 문장에 딱 어울리는 애늙은이다. "인생에 나이를 더하려고 애쓸 필요는 없다. 차라리 나이에 인생을 더하도록 애써라."

그의 인생? 오래전부터 범상치 않은 운명의 기미가 보였다. 에마뉘엘 마크롱은 대통령이나 교황이 되겠다고 부모에게 말한 적 없다. 큰 꿈은 비밀로 간직했다. 그러나 그는 일찍이 운명에 대한 확신을 마음속에 품었다. 각별한 외할머니의 사랑 덕분에, 외할머니의 따스한 눈빛과 브리지트의 눈빛 덕분에 그는 무적이 되었다. 바람처럼 열심히 뛰어다니는 이 젊은이는 조금씩 자신의 야망을 드러냈다. 그는 프랑스 정치판에서 늘 동반되는 전통적인 수탉 싸움을 거치지 않았지만, 세 아이를 둔 스물네 살 연상의 유부녀 쟁취와 프랑스 정복은 그의 잠재의식에서 연결된 것이 분명하다. 어려운 사랑을 쟁취한 결단력과 용기로 관습을 뒤흔들며 왜 프랑스를 정복하려 하지 않겠는가!

에마뉘엘 마크롱을 아는 사람이나 그를 안다고 믿는 사람은 모두 오래전부터 그에게서 굳은 결의를 느꼈다. 그에게서 드러내지 않는 우월감, 운명에 대한 확고한 자신감, 깊숙이 숨긴 자기중심주의를 감지했다. 그는 어릴 때부터 대통령이었다. 항상 선택되고, 지명되며, 모든 이에게 최고라는 찬사를 받았다. 타인의 눈빛에서 항상 감탄과 격려와 환대를 느꼈다. 그와 일한 적이 있는 은행가는 "그는 케네디와 제라르 필립Gérard Philipe[4]을 섞어놓은 것 같다"고 말했다. 보부르 도서관에서 마주친 젊은 여인은 앙 마르슈République en marche[5]의 대통령 후보에게 "당신은 나폴레옹 같아요"라고 외쳤다. 에마뉘엘 마크롱은 웃었지만 반박하지 않았다. 아마 본인도 이해했을 것이다.

---

[4] 요절한 프랑스 영화배우.
[5] '전진하는 공화국'이라는 뜻으로, 마크롱이 기성 정치인을 배제하고 새로운 인물을 모아 창당한 정당이다.

아르콜 다리 전투Bataille du pont d'Arcole⁶ 영웅의 외침처럼 "천재적인 남자는 자기 시대를 밝히기 위해 타오르는 운명을 걸머진 별똥별이다". 그 별똥별은 2017년 5월 7일, 만 서른아홉에 프랑스 대통령에 당선되었다.

---

6 프랑스혁명전쟁 중에 치른 전투. 북이탈리아의 베로나 근처 아르콜 소택지 주변에서 나폴레옹이 이끄는 프랑스군이 오스트리아(신성로마제국)군을 격파했다.

신의 아들
에마뉘엘

에마뉘엘 마크롱은 발레리 지스카르 데스탱Valéry Giscard d'Estaing 대통령이 재임하던 1977년에 태어났다. 그해 2월에는 차드에서 3년간 구금된 프랑수아즈 클로스트르Françoise Claustre[7]가 석방되었다. 조르주 퐁피두센터Centre Georges-Pompidou가 개관했고, 자크 시라크Jacques Chirac가 파리 시장으로 선출되었다. 그리고 자크 프레베르Jacques Prévert,[8] 블라디미르 나보코프Vladimir

---

[7] 프랑스 고고학자. 1974년 차드 북부의 투보우 반란군에 인질로 잡혔다가 리비아 지도자 카다피의 개입으로 1977년 석방되었다.

[8] 프랑스의 시인이자 시나리오작가.

Nabokov,[9] 그루초 막스Groucho Marx,[10] 엘비스 프레슬리, 찰리 채플린이 세상에서 사라진 해다. 에마뉘엘 장미셸 프레데리크 마크롱Emmanuel Jean-Michel Frédéric Macron은 12월 21일 아미앵Amiens[11]에서 첫 울음을 터뜨렸다. 중앙아프리카에서 장베델 보카사Jean-Bédel Bokassa가 스스로 황제에 즉위하고 얼마 뒤다.

아기 에마뉘엘은 손에 지휘봉을 쥐고 머리에 왕관을 쓴 채 태어나지 않았지만, 그런 것처럼 느껴졌다. 가족이 애정과 두려움을 동시에 품은 채 기다리고 기다린 아기였기 때문이다. 에마뉘엘의 부모는 그가 태어나기 1년 전에 첫딸을 잃었다. 사산이어서 이름을 지어줄 시간조차 없었고, 산모가 패혈증으로 위태로운 상황이라 장례도 치르지 못했다.

아픈 기억은 12월 21일 10시 40분에 모두 사라졌다. 기쁨을 되찾은 프랑수아즈 노게Françoise Noguès와 장미셸 마크롱Jean-Michel Macron 부부는 아기 이름을 에마뉘엘이

---

9   러시아 태생 미국인 소설가이자 번역가, 곤충학자이며, 20세기 영문학을 대표하는 인물로 꼽는다.

10 미국의 희극인이자 영화배우.

11 프랑스 북부에 위치한 솜Somme 주의 주도.

라 지었다. 당시 산모 입원실에 잠깐 들른 사제가 히브리어로 '신의 아들'을 뜻하는 단어에서 파생된 에마뉘엘이란 이름을 알려주었다고 한다. 예언자 이사야는 예수그리스도가 나타나기 7세기 전에 에마뉘엘이란 이름으로 메시아 탄생을 예언했다.

어머니 프랑수아즈는 종교가 없었지만 이 아이를 신의 선물이라고 생각한 것 같다고 회상했다. "고통스러운 시간을 보내고 마주한 에마뉘엘의 탄생은 너무나 큰 행복이고, 일종의 소명 같았어요." 에마뉘엘의 부모는 평범한 부부가 아니다. 프랑수아즈와 장미셸 두 사람 다 의사이며, 1999년에 별거를 시작해서 2010년에 이혼했다.

"보통 사산한 뒤 낳은 아이는 과잉보호한다고 합니다. 하지만 나는 그런 인상을 받지 못했어요." 신경과 전문의인 아버지 장미셸은 심리학 논문의 감언이설에 속지 말아야 한다고 강조하며 말했다. "불행을 겪어도 인생은 다시 시작됩니다. 불행이 지워지지 않지만 계속해서 살아갈 수는 있죠"라고 덧붙이며, 사산은 아내에게 훨씬 더 힘든 일이라는 점을 인정했다.

당시 에마뉘엘의 부모는 채 서른이 되지 않았다. 그들은 함께 의대에 다녔다. 어머니 프랑수아즈는 회상했다. "우리는 신경외과 수업에서 만났고, 첫눈에 반했어요." 장미셸은 의대 초반에 정신과 의사가 되기를 바랐지만, 정신과의 진료 방식에 실망하여 신경과 전문의가 되었다.

지스카르 데스탱이 대통령으로 당선된 1974년이었다. 당시 48세로 프랑스 사상 최연소 대통령이 된 지스카르는 1968년 5월혁명이 일어나고 몇 년 뒤, 낙태 권리와 18세 성년 등 개혁을 통해 프랑스 사회에 작은 숨통을 틔웠다. 두 사람은 만나고 얼마 지나지 않아 함께 살기로 결심했다. 그들은 1975년 성당에서 많은 사람들의 축하를 받으며 결혼했다. 결혼할 때 프랑수아즈는 임신 4개월이었다. "장미셸은 불가지론자지만 나와 가족의 행복을 위해 종교 결혼식을 받아들였어요." 프랑수아즈는 회상했다.

프랑수아즈도 불가지론자여서 자녀를 종교적으로 키우지 않았다. 두 사람 모두 태어날 때 세례명을 받지도 않았다. 그런데 에마뉘엘은 열두 살 때 세례를 받고 싶다고 말했다. "첫영성체를 받고 싶어요." 그는 외할머니를 대모로, 외삼촌을 대부로 택했다. 에마뉘엘은 첫영성체를 중요시했지만 집에서는 아니다. 그의 어머니는 아버지가 단호하게 반대했다고 설명했다. "이때부터 몇 년 동안 종교적인 시기가 지속되었어요." 어머니 프랑수아즈는 주간지 《르누벨옵세르바퇴르L'Obs》에서 고백했다.

프랑수아즈와 장미셸은 각각 1968년 5월혁명 시위에 참여했다. 중학교부터 고등학교 1학년까지 여학교에 다닌 프랑수아즈는 바칼로레아baccalauréat[12]를 통과한 뒤 아미앵에서 젊은이들과 함께 시위에 참여했다. 장미셸은 그 후 정치에 상당히 실망했을지라도 5월혁명이 '해방을 위한 큰 축제'라고 기억했다. 그는 1981년 미테랑François Mitterrand[13]에게 투표하며 의욕을 되찾기까지 정치에 환멸을 느꼈다.

1976년, 장미셸과 프랑수아즈는 젊음의 안일함 속에 새 생명의 탄생에 기뻐하며 아기를 기다리다가 죽음을 마주한다. 그들은 이렇게 고통스런 경험을 한 다른 부부처럼 운명에 한 대 얻어맞은 것 같았다고 한다. 그들이 얼마나 혼란스러웠을지 상상이 된다. 행복에서 불행

---

[12] 프랑스의 대학 입학 자격시험.
[13] 프랑스 사회당 최초로 대통령에 당선되어 프랑스 대통령 가운데 가장 오래 집권했다(1981~1995년).

으로 극적인 변화, 가슴을 찢는 듯한 고통… 장미셸은 한마디로 악몽이었다고 표현했다. 앰뷸런스, 성앙투안 병원, 아기의 죽음, 혼수상태에 빠진 프랑수아즈, 심폐소생술. 장미셸은 준비한 아기방과 침대를 정리해달라고 장모에게 부탁했다. 프랑수아즈는 이름도 없는 딸의 죽음에서 벗어나는 데 몇 년이 걸렸다. 에마뉘엘에게는 죽은 누나를 잊게 할 임무가 있었다.

1년 뒤, 그들은 아들의 탄생에 남들보다 훨씬 행복했다. 에마뉘엘이 태어난 지 4일째 되는 1977년 12월 25일, 그들은 크리스마스를 성대하게 지내기로 결심했다. "남편은 병실에 생굴과 샴페인을 가져왔어요." 우연찮게도 그날은 12월 25일 성 에마뉘엘 축일이었다.

소아과 의사가 되고 싶던(소아과 전문의 과정을 공부했으나 마치지 못했다) 프랑수아즈가 '신의 아들' 에마뉘엘을 과잉보호한 것은 불가피한 일이다. 지금도 그녀는 자신이 과잉보호하는 어머니였다고 말한다. 매일 아침 세 자녀가 어디에 가는지 알고, 아이들 곁에 있기 위해 업무 시간 중 4분의 3만 근무했다. 외할머니도 손주를 돌보기 위해 언제나 외출을 포기했다.

"항상 아이들이 먼저였어요. 늘 그랬어요." 프랑수아즈는 가끔 지나쳤다는 듯이 고백했다. 지나쳤을 수도 있지만, 모자라지는 않았을 것이다. 그녀는 그렇게 말하고 싶어 했다.

프랑수아즈는 어머니로서 자기 자리를 되찾고 싶어 했다. 에마뉘엘이 책과 인터뷰, 선거 집회에서 외할머니만 언급하고 강조함으로써 어머니 자리를 외할머니가 차지했다. 이 때문에 어머니 프랑수아즈는 지워졌고, 일부 언론은 에마뉘엘이 브리지트를 만났을 때 그들 부부가 아들을 파리로 강제 전학시키고 버렸다는 터무니없는 시나리오를 써댔다. 당시 에마뉘엘은 만 열여섯 살이었다.

프랑수아즈는 말했다. "어떤 기사를 읽다 보면 마뉘에게는 가족이 없는 것 같아요. 정말 받아들이기 힘든 부분이에요." 그녀는 자신의 고통을 숨기려 애쓰면서도 실재한 가족의 삶에 대해 이야기하고, 잘못 알려진 사실을 바로잡고 싶어 했다.

아이들에게 테니스를 가르치고 아미앵 예술학교에 보낸 일, 겨울에 가족의 생가 근처에 있는 라 몽지, 쿠르슈벨, 티뉴, 아르크에서 스키를 타며 함께 휴가를 보낸 일, 여름에 그리스와 크로아티아, 이탈리아를 여행한 일, 특히 자주 간 코르시카섬의 아작시오와 프로프리아노에서 휴가를 보낸 이야기를 상세히 했다. "우리는 시트로엥 자동차를 타고 여행을 떠났는데, 로랑Laurent을 빼고는 모두 아팠어요."

바뉘에 드 비고르Bagnères de Bigorre[14]에서 보낸 잊을 수 없는 시간, 에마뉘엘은 이곳에서 종종 외할머니와 함께 공부했다. 그는 외할아버지와 낚시하러 가고, 공놀이도 했다. 지방에 거주하는 부르주아 가족의 전형적인 삶이었다. 일 때문에 바쁘지만 따뜻한 안식처를 제공해주는 부모님, 요컨대 매우 전통적인 가족이었다. 에마뉘엘이 묘사한 것처럼 외할머니만 존재하는 듯 보인 몽환적이고 환상적인 세계와 거리가 멀다. 대선 후보일 때 에마뉘엘이 반복해서 언급한 스토리와 거리가 멀다.

아무도 모르는 모양인데, 에마뉘엘은 2016년에 출간한 《Révolution혁명》을 부모님에게 헌정했다. 그는 책에 "부모님은 내게 공부하도록 늘 격려해주셨고, 공부해야 자유를 얻을 수 있다고 말씀하셨다"고 썼다. 그는 다음과 같이 덧붙였다. "부모님은 내게 많은 신경을 써주었지만, 특정 시기에 시험이나 쓰기 연습을 간섭하셨

---

14 프랑스 남서부 옥시타니Occitanie 지방, 오트피레네Hautes-Pyrénées 주에 있는 도시.

을 뿐이다. 내가 좋아하는 레오 페레Léo Ferré[15]의 노랫말 정도로 걱정을 표현하셨다. '너무 늦게 들어오지 마라, 감기에 걸리지 마라.'"

자신에 대한 발언에 신중해야 한다는 걸 터득한 에마뉘엘은 본인이 남들보다 다정하고, 신뢰할 수 있으며, 더 잘하고 싶은 욕망이 있다는 점을 인정했다. 그는 같은 실수를 되풀이하지 않았다. '우리는 가족을 선택할 수 없다, 부모를 선택할 수 없다'는 노랫말이 있다. 그는 외할머니 마네트Manette를 매혹적인 세계의 여신으로 선택했다. 어린 시절을 비롯해 성인이 된 후에도 외할머니는 그의 여왕이다.

어머니 프랑수아즈는 이런 점을 받아들이지 못한다. 에마뉘엘에게 어머니의 사랑과 보살핌이 2순위였음을 프랑수아즈는 모르는 듯하다. 에마뉘엘이 꿈꾼 삶에서 어머니와 아버지는 배제되었고, 남동생 로랑과 여동생 에스텔Estelle도 거의 지워졌다.

프랑수아즈는 사람들이 상상하는 모든 소문을 거부

---

15 시적인 노랫말로 샹송의 발전에 기여했다는 평가를 받는 프랑스의 싱어송라이터.

하고 괘념치 않았다. 장남 에마뉘엘과 사이가 나빴다거나, 외할머니가 에마뉘엘을 입양할 뻔했다거나, 브리지트와 사랑에 빠지자 부모가 아들을 버렸다거나, 아예 부모가 사망했다는 루머도 있었다.

에마뉘엘이 여러 가지 면에서 조심성을 보인 건 사실이다. 그가 어린 시절이나 부모님에 대해서 말하는 걸 조심스러워하자, 대중 잡지에서는 에마뉘엘과 브리지트 커플에 주목했다. 그리고 이상화된 외할머니의 위상은 계속 높아졌다.

"에마뉘엘에게 가족이 없다고?" 프랑수아즈의 외침을 들은 시라크 대통령의 부인 베르나데트 시라크 Bernadette Chirac는 자신이 겪은 일을 떠올리며 분노했다. 그녀는 엘리제궁의 조직 편성표를 묘사한 기사에 자신이 없다는 걸 발견하고, "시라크 대통령이 홀아비인가?" 하고 격분했다. 그 후 남편 시라크 대통령은 파리, 코레즈 등에서 열린 수많은 집회와 지루한 파티, 끊임없이 개최되는 농업 품평회에 홀로 등장해야 했다.

프랑수아즈도 같은 경우다. 그녀는 신문과 책에서 자기 아들이 아닌 듯한 인물에 대해 쓴 내용을 읽었다. 그녀가 알거나 알았다고 믿은 아들이 아니었다. 지면이나 미디어, SNS에는 가상의 인물이 아들로 등장했다. 에마뉘엘은 다른 인물이었다. 최소한 그녀가 아는 아들은 아니었다.

프랑수아즈의 아들 '마뉘'는 확실히 그녀에게서 벗어난 지 오래되었다. 그녀는 아들을 진정으로 소유하지 못했고, 이해하지도 못했다. 프랑수아즈는 언론의 과장과 왜곡을 통해 최근에야 가장 나쁜 방식으로 이를 깨달았다. 그녀는 이제 아들과 같이 지내지 못하고, 에마뉘엘은 새로운 인생에 덥석 올라탔다. 언론에서 에마뉘엘은 다른 세계로 떠났으며, 그의 가족은 본인과 외할머니, 브리지트 세 명으로 축소되었다.

마크롱은 결혼하면서 새로운 가족을 맞이했다. 아내 브리지트와 그녀의 자녀, 손주가 그의 가족이 되었다. 동시에 본가의 가족 모임에 참석하는 횟수가 줄었다. 부모와 동생들은 그를 실제로 만나는 것보다 BFM TV[16]에서 자주 보았다. 프랑수아즈는 에마뉘엘이 남동생 로랑의 쌍둥이 자녀 한 명의 대부라고 말했다. "금발에 귀엽고 예민한 손자는 놀랍게도 어릴 때 마뉘와 많이 닮았어요." 그러나 에마뉘엘을 볼 기회가 점점 줄었고, 그는 가

---

16 프랑스의 뉴스와 날씨 전문 방송.

족이 함께 보내는 크리스마스에도 오지 않는다.

어머니는 아들을 새로운 인생이나 다른 여성에게 빼앗겼을 때 하소연한다. 자기 역할이 사라졌기 때문이다. 프랑수아즈는 에마뉘엘의 인생에서 지워지는 것을 견디지 못했다. 그녀는 2016년 12월 아들의 생일에 까무러칠 정도로 행복했던 이야기를 들려주었다. 그날 에마뉘엘은 15구에 있는 레스토랑에 프랑수아즈를 초대해서 어머니에게 헌정하는 책을 선물했다. "그렇게 함께한 순간이 너무나 소중해요. 레스토랑에 온 손님들이 아들을 알아봤지만 사생활을 존중해주었고, 레스토랑을 떠날 때 인사하며 응원해주었어요."

프랑수아즈는 아들이 단시간에 이룬 믿기 힘들 만큼 놀라운 인생 여정이 자랑스럽지만, 아무것도 바라지 않았다. 모든 것이 프랑수아즈를 넘어섰고, 그녀를 두렵게 만들었다. 그녀는 잘 알지 못하는 미디어 시스템 때문에 당황했다. 미디어는 집요하고, 냉혹하고, 고집스럽고, 부당하고, 만족할 줄 몰랐다. 어머니는 아들이 먹잇감을 던져주지 않았을 때도 관찰되고, 분석되고, 해부된다는 점을 받아들이기 힘들어 했다.

가족 중 한 사람이 갑자기 유명해지면 적응하지 못하는 가족이 생기는 것은 흔한 일이다. 모든 신문, 잡지,

책, 인터넷 정보, 게시물이 모욕처럼 느껴졌다. "우리 사생활에 침입한 거나 다름없어요." 사람들은 다소 호의적인 친구들의 전화는 차치하고, 세골렌 루아얄[17]과 친밀한 모습으로 찍힌 사진이 실린 잡지 같은 것을 보고 수군거렸다. 미셸 로카르Michel Rocard[18]와 앙리 에르망드 Henry Hermand,[19] 올랑드의 아들이었다가 이번에는 세골렌 루아얄이 에마뉘엘의 엄마가 되었다. "나는 사진을 보고 '우리는 또 사라졌구나' 하고 혼잣말을 했어요." 프랑수아즈는 넋두리했다.

경계심이 있고 신중하고 예민한 프랑수아즈는 모든 것을 읽고 분석하고 아무것도 놓치지 않기 위해 휴대폰에 뉴스 알람을 등록했다. 질리는 날이 올지라도 그녀는 휴대폰 전원을 절대 끄지 않았다. 동성애에 관한 루머를 들었을 때, 그녀는 아들에게 "부인해야 한다"고 말했다. 아들은 반박했다. "아니에요, 어머니. 일일이 대답하면 근거도 없고 시시한 루머가 더 커질 뿐이에요." 아들은

---

17 프랑스 사회당 대표와 환경부 장관을 지낸 여성 정치가.

18 프랑스 총리를 지낸 정치가.

19 프랑스 사업가이자 사회당과 연계된 싱크 탱크 테라 노바Terra Nova 의 공동 설립자.

어머니보다 강했다. 그녀는 아무것도 할 수 없었다. 아들이 자신을 필요로 한 시절이 그리웠다.

에마뉘엘이 국립행정학교에 다닐 때, 모자는 함께 오페라를 보러 갔다. 에마뉘엘이 아직 브리지트와 함께 살지 않을 때다. 경제산업부 장관 시절에는 마크롱 법안이 의회 토론회마다 따라다녔다. 국회에 참석한 의원들의 이름을 알아내어 밤낮으로 아들에게 문자메시지를 보냈다. '이 사람은 믿을 만하다' '이 사람은 너를 좋아한다'… 어머니는 진정한 비서관이었다.

프랑수아즈는 마뉘엘 발스Manuel Valls[20]가 헌법 49조 3항을 기습적으로 사용했을 때도 그곳에 있었다. 그녀는 설명했다. "나는 49조 3항을 받아들일 수 없어요. 의회에 앉은 마뉘를 보면서 나는 아들이 그날 밤 사퇴할 거라 생각했어요. 하지만 그는 내가 모르는 강한 면모를 보여주었죠."

프랑수아즈는 예민하고 걱정이 많은 어머니다. 자동차 조명에 순간 눈이 멀어버린 토끼 같은 어머니다. 하지만 조명에 노출된 것은 그의 아들이다. "투케에서는

---

20 프랑스 총리를 지낸 정치인.

정말 대단했어요. 모든 사람이 아들을 알아보았기 때문에 밖으로 한 발자국도 나가지 못했어요." 그러나 미디어가 늘어놓는 거짓되고 불완전한 가상의 인생을 가장받아들이지 못하는 이도 그녀다.

"미디어는 아들의 인생을 소설처럼 만들었어요." 프랑수아즈는 유감스러워했다. 그녀는 외할머니(그녀는 '엄마'라고 지칭했다)와 에마뉘엘의 관계를 문제 삼지 않았지만, 이의를 제기했다. "그래도 우리는 그에게 가족의 가치, 공부의 소중함, 자유에 대한 존중 등 많은 것을 가르쳐주었어요. 당신도 여성이죠? 아이가 있나요? 내 말이 이해되나요?"

덜 예민한, 달리 말하면 더 온화한 아버지 장미셸 마크롱은 지금도 아미앵에 산다. 그는 별다른 말은 하지 않았다. "우리는 그에게 전통적이고 순수한 어린 시절을 만들어주었어요. 마뉘의 외할머니는 교사였지만, 증조할머니는 문맹이었어요. 전형적인 프랑스 3공화국의 모습이죠. 이런 도식에서 늘 부모는 건너뜁니다." 아버지는 상대적으로 생각하고 분석하며 개념 체계를 구성했다. 아들의 특별한 운명에 마주한 운명론자 아버지는 평온해 보였다.

항상 좌파에 투표해온 그는 전임 대통령의 유약함

이 아들을 빛나게 만들었음을 숨기지 않았다. "올랑드는 스토리텔링이 부족해요. 사람들에게는 이야깃거리가 필요한데, 그는 그걸 만들 줄 몰랐어요." 약간 과장된 말이다. 장미셸은 자기 이야기를 들려주었다. "우리는 아이들을 돌보는 평범한 부모였어요. 평범하게 살았죠. 우리는 마뉘를 내쫓지 않았어요." 그는 차분히 이야기했다. 맞다, 그는 아들에 대한 이야기가 과장되었다고 생각하며 불쾌해했다. 장미셸도 프랑수아즈와 같은 의견이었다.

교사의 딸인 프랑수아즈는 항상 일을 했다. 그녀는 옥시타니 지방 출신으로, 오트피레네 주 바뉘에 드 비고르에 생가가 있다. 이곳은 에마뉘엘의 외조부모님이 태어나고, 외삼촌 로제 노게Roger Noguès가 부시장으로 있는 도시다. 그녀는 의대에서 소아과를 전공했으나, 1979년 에마뉘엘의 남동생 로랑이 태어나면서 소아과 전문의 과정을 중단했다. "나는 전문의 과정을 중단했지만 장미셸은 좋은 성적으로 통과했어요."

의사가 되는 것은 일종의 소명이었다. 아홉 살 때부터 그녀가 가고 싶은 길이었고, 가족의 열망이기도 했다. 오빠(사망)는 일반외과 의사였고, 언니는 안과 의사다. 세 자녀 중 에마뉘엘의 동생 로랑과 에스텔도 의사다.

프랑수아즈는 두 아들을 출산한 뒤 학업에 제동이 걸렸다. 그녀는 그림을 그리고, 조각을 했다. 1981년에 그녀는 오빠가 떠밀어서 사회보장전국금고 시험에 합격했다. 그녀는 계약 의사로 일하다가, 프리랜스 자문 의사가 되었다. 자유로운 의료 업무와 거리가 멀지만, 공공 보건을 위한 업무에 관심이 있었다.

프랑수아즈는 1999년에 아미앵을 떠나 파리에 자리 잡았다. 그녀는 파리의 구트 도르Goutte-d'Or에서 자문 의사로 일했으나 큰 흥미는 없었다. 2001년 그녀는 국립 건강보험금고에 들어갔다. 프랑수아즈는 투석에 관한 논문을 여러 편 썼고, '퇴원 후 거주지 동반 프로그램' 프로젝트의 책임자로 임명되었다. 그러나 관절반월 수술을 받고 18개월 동안 지팡이에 의지해야 했기에, 이 일을 그만두었다.

프랑수아즈는 피카르디Picardie[21] 지역 출신인 전남편 장미셸 마크롱에 대해 약간 내성적이지만, 항상 책을 많이 보는 완고한 인텔리라고 설명했다. 신경과 전문의 장

---

[21] 프랑스 북부, 파리분지 북부 지방. 행정구역상 엔Aisne, 우아즈Oise, 솜 3개 주로 구성된다.

미셸은 프랑스어와 라틴어, 그리스어를 배웠고, 수학과 문학도 잘했으며, 고고학자를 꿈꾸는 학생이었다. 그러나 부모님 때문에 꿈을 이룰 수 없었다. 서민 가정 출신인 부모님은 아들이 의사가 되는 편이 더 안정적이고 현명하다고 생각했다. 에마뉘엘 마크롱은 《Révolution》에 조부모는 프랑스에서 신분을 상승하는 가장 확실한 방법이 의대에 가는 것이라고 생각한 모양이라고 썼다.

프랑수아즈의 표현을 빌리면, 우수한 학생 장미셸은 매우 좋은 성적으로 아미앵과 칸, 몽플리에에서 인턴을 했다. 처음에는 정신의학을 전공하고 싶었지만 신경생리학으로 방향을 바꿨다. 그리고 파리 살페스리에르 병원에서 일했다. 지금은 간질과 불면증 전문의이자, 신경생물학과 책임자로 일한다.

장미셸은 아들 에마뉘엘과 지적인 면에서 공통점이 많다. 두 사람은 철학, 문학, 역사, 정치의 영웅담에서 취향이 비슷했다. "우리는 프랑스혁명, 나폴레옹, 2차 세계대전, 드골Charles de Gaulle에 대해 이야기했어요. 에마뉘엘은 조르주 클레망소Georges Clemenceau[22]를 높이 평

---

22 프랑스 언론인이자 정치가.

가하지 않았죠." 그는 마뉘엘 발스의 영웅을 언급하며 웃었다.

"아들이 엘리제궁 경제수석비서관일 때 우리는 주말에 자주 토론했어요." 장미셸은 당시에 아들을 만나러 엘리제궁을 두 번 방문했고, 프랑수아 올랑드 대통령도 만났다. 약간 실망했지만 여전히 정치에 관심이 많은 장미셸은 법칙도 신념도 없는, 폭력적인 정계에 대해 걱정했다. 그는 옆에서 지칠 줄 모르고 귀찮게 하던 아들을 그리워했다. "나의 가장 큰 비극은 정치인을 질투한다는 점이에요." 그는 유머를 섞어 말했다. 왜곡된 필터를 통과한 권력을 바라볼 수밖에 없는 무기력한 청중이 되었음을 자각했다.

장미셸도 '마뉘'의 빠른 성공에 희생된 가족 중 한 사람이다. 정치가 그의 아들을 뺏어 갔다. 상상 속의 인물, 에일리언이 탄생했다. 장미셸이 아는 아들도 아니고, 전혀 모르는 아들도 아니다. "나는 아들의 의견에 대체로 동의하지만, 연예계나 언론을 의식한 점에는 약간 거부감이 있어요."

장미셸도 마뉘가 자신에게서 벗어났다는 점을 받아들여야 했다. 에마뉘엘은 아주 빠른 속도로 계층의 사다리를 올라가 현실과 상상이 뒤섞인 경이로운 인생을 만들었다. 그가 아닌 다른 존재를 창조했다. 이는 물론 그의 지성과 노력, 부정할 수 없는 카리스마 덕분이다. 장미셸은 아들이 의자도 유혹할 수 있다는 것을 잘 안다. 에마뉘엘의 빼어난 설득력은 어제오늘 일이 아니다.

"마뉘는 어릴 때도 환상적인 카리스마가 있었어요. 그의 사무실에 들어간 사람은 모두 설득되어서 나오죠." 장미셸은 웃으며 말했다. "마뉘가 매우 놀라운 덕목을 갖춘 건 사실이에요. 인간관계에 뛰어나고 매혹하는 힘이 있죠." 그는 아들이 법학이나 경제학 교수 혹은 작가 같은 지적인 직업에 종사하리라 생각했고, 진로를 정치로 바꾸리라고 상상하지 못했다고 했다.

에마뉘엘은 평온하고 가족적인 삶이나 지적인 삶과 거리가 먼, 험난한 정치판에 뛰어들었다. 장미셸은 엘리제궁에 방문했을 때, 에마뉘엘이 고백한 이야기를 소개했다. "사람들은 금융에 대해 매우 어려워하면서도 규칙을 준수해요. 그런데 정치에는 규칙이 없어요."

장미셸은 아버지로서 아들을 걱정했다. 다정하고 존경스러우며 현명한 아버지조차 때때로 이 특별한 아들을 의사의 시선으로 바라본다. 아들은 타인의 영향을 아주 많이 받고, 스펀지처럼 흡수한다. 그는 누구보다 다른 사람에게 잘 몰두한다.

에마뉘엘이 다닌 예수회 학교 라프로비당스la Providence
에서는 그리스어를 가르치지 않았기 때문에, 장미셸은
2~3년 동안 아들에게 직접 그리스어를 가르쳤다. 철학
도 아들과 함께 공부했다. "우리는 함께 토론했어요."
그는 회상했다. 에마뉘엘은 아버지의 서재에 꽂힌 니
체Friedrich Nietzsche, 푸코Michel Foucault, 레비스트로스Claude
Lévi-Strauss, 알튀세르Louis Althusser에 대해 알았다. "내 서
재에서 늘 책을 훔쳐 갔어요." 그는 농담조로 말했다.
에마뉘엘은 장미셸이 고등학생 때 읽은 작가들의 책을
읽었다.

장미셸은 아들이 쾌활하고 착하고 성실한, 모든 장
점을 갖춘 아이였다고 했다. 에마뉘엘은 공부보다 운동
을 좋아해서 아미앵의 부르주아 동네인 앙리빌의 집 바
로 앞에 있는 테니스 클럽에 다녔고, 축구도 했다. 수
영을 특히 좋아했다. 그런데 경쟁심은 전혀 다른 분야
에서 키웠다.

어머니 프랑수아즈는 아미앵의 예술학교 피아노반에
에마뉘엘을 등록시켰다. "그는 자신이 뛰어나다고 생각
했고 피아노에 빠졌어요. 다른 여러 가지에도 푹 빠졌
죠." 프랑수아즈는 아들이 아미앵 예술학교 입학 콩쿠
르에서 떨어지자, 자신을 떨어뜨린 선생님에게 꼭 이듬

해에 재시험을 치르겠다고 고집을 부렸다고 했다. 그에게는 설득할 수 없다는 것을 받아들이도록 하는 일이 불가능했다. 그런 면은 장관 시절에도 드러났다. 에마뉘엘은 장관 시절, 늘 머리를 맞대고 토론하기를 선호했다. 에마뉘엘은 예술학교 두 번째 콩쿠르에서 합격했다.

아버지 장미셸은 에마뉘엘을 자기 세계가 있는 특별한 아이지만, 외롭지 않을 정도로 충분히 외향적인 아이였다고 재미있게 묘사했다. "항상 요령 있게 행동할 줄 알고, 교외 활동에서도 맨 앞줄에 서는 아이였어요. 호기심에 따라 움직였기에 어른들에게 이끌렸죠."

어머니 프랑수아즈는 아들이 두 살 때부터 책을 들었고, 엄마 아빠처럼 책 중간에 연필을 놓았다고 했다. 그녀는 에마뉘엘에 대해서 흔히 선생님한테 사랑받지만 인간관계에 서투른 애늙은이, 성숙한 아이를 상상하는데, 이런 상상이 틀렸다고 했다. "가족 중에 아무도 마뉘가 유별나다고 말하지 않았어요." 그는 신동이 아니라 놀기 좋아하는 평범한 아이였다. 하지만 약간 남다른 아이였고, 아주 친한 친구는 없었다. 어머니는 말했다. "그는 모든 사람들과 잘 지냈지만 단짝은 보지 못했어요. 마뉘는 벽을 많이 세웠어요."

에마뉘엘은 초등학교 5학년까지 공립학교에 다녔다. 학교는 집 앞에 있었다. 초등학생 때부터 눈에 띄는 아이였다. 여러 번 반장을 했으며 조숙했다. 다섯 살 때 글을 읽었고, 기억력이 놀라울 정도였다. 에마뉘엘은 어릴 때부터 그리스신화 속 인물에 대해 잘 알았다. 어머니는 그에게 특별한 점이 있다고 했다. "그는 아주 어릴 때부터 사람들 앞에서 이야기하는 것을 좋아했어요."

《배너티 페어Vanity Fair》 2017년 2월호 기사에 따르면, 라프로비당스의 담임교사는 에마뉘엘을 수업 후 선생님과 진지하게 토론을 벌인 학생으로 기억했다. 에마뉘엘은 항상 선생님들과 가깝게 지냈고, 나이가 훨씬 많은 어른도 그의 지성에 이끌렸다. "그를 찬양하는 친구가 많았어요. 학급 친구들에게 인기가 있었죠." 어머니는 단언했다.

에마뉘엘과 두 동생은 중학교에서 교편을 잡은 외할머니의 조언에 따라 중학교 1학년 때 공립학교에서 예수회 학교인 라프로비당스로 전학했다. 예수회 학교에 진학하는 것이 마크롱 가족의 문화는 아니었다. 마크롱 부부는 자녀들에게 자유와 자아실현을 위해서 공부가 중요하다는 점을 항상 주입했고, 자유를 기반으로 아이들을 교육했다. 불가지론자인 마크롱 부부는 자유야

말로 여러 분야에서 중요한, 결정적인 요소라고 생각했다. 그들은 강요보다 신념의 힘을 믿었다.

엄격하고 틀에 짜인 예수회의 교육 방식은 솔직히 마크롱 부부의 취향이 아니다. 이 학교를 선택한 이유는 무엇보다 교육 편성 때문이다. 브리지트에 따르면 에마뉘엘의 부모는 아이들이 하고 싶은 대로 두었다고 한다.

남동생 로랑과 여동생 에스텔도 라프로비당스에 다녔다. 에마뉘엘보다 18개월 뒤에 태어난 로랑은 완벽한 형과 공존하는 방법을 스스로 깨우쳐야 했다. 어머니의 표현에 따르면, 에마뉘엘이 늘 앞에 있었다. 악의 없는 이 문장은 단순히 그가 장남이라는 점과 일찍 태어난 장점을 이야기할 뿐만 아니라, 에마뉘엘이 여러 면에서 앞섰다는 것을 나타낸다.

뒤에 태어난 동생들을 주눅 들게 만든 점은 무엇일까. 어머니는 로랑이 두 살 때까지 말을 하지 못했다고 한다. 걱정이 된 프랑수아즈는 로랑을 소아과에 데려갔다. "아이에게 문제가 있나요?" 어머니가 묻자 의사는 대답했다. "네, 있습니다. 마뉘가 문제입니다."

에마뉘엘은 어른의 시선을 끌어당겼다. 어른과 대화하는 것을 좋아해서 늘 선생님들과 가까이 지냈다. 어머니는 그가 대여섯 살 때 재미난 습관이 있었다고 회상했다. "에마뉘엘은 도마뱀을 잡은 뒤 잘린 도마뱀 꼬리를 항아리에 보관했어요. 못마땅했죠. 그는 외가에서 도마뱀을 사냥하고, 반딧불이 애벌레를 모으고, 개미를 관찰하기 좋아했어요."

심장병 전문의가 된 로랑은 에마뉘엘이 어떻든 형에게 전혀 압도되지 않았다. 그는 자신의 길을 개척했다. 로랑은 테니스에서 두각을 나타냈고, 친구가 많았다. 그리고 많은 여자 친구가 집으로 찾아왔다. 말하자면 그는 형과 다른 장점이 있었다.

세상의 모든 형제가 그렇듯이 에마뉘엘도 로랑과 싸웠다. 어머니의 증언에 따르면, 형제는 특이하게 싸웠다. 로랑은 몸으로 싸우려 하고, 에마뉘엘은 말로 싸우려 했다고 한다.

외할머니
마네트

"나는 신뢰하는 천의 아이들을 통해 이 살아 있는 존재에 애착을 가졌노라. 신뢰하는 천의 아이들 중 하나라도 부서져서는 아니 된다. 희생을 넘어, 그날에도 나를 닮은 이들을 열렬히 사랑했노라. 오늘날에도 나는 내 친구인 여러분을 열렬히 사랑하노라."

2017년 2월 2일, 에마뉘엘 마크롱은 리옹의 제를랑 경기장에 모인 군중 앞에서 르네 샤르René Char가 쓴 《Feuillets d'Hypnos히프노스의 책갈피》 한 구절을 인용했다. 퐁피두센터에서 열린 언론 간담회에서는 폴 엘뤼아르Paul Eluard[23]의 시구를 인용하며 외할머니에게 다시

---

23 〈자유Liberte〉라는 시로 널리 알려진 프랑스 시인.

한 번 신호를 보냈다.

에마뉘엘을 믿은 외할머니는 손자에게서 범상치 않은 운명의 가능성을 보았다. 외할머니는 그를 문학과 시의 세계로 이끌었고, 여러 작가 사이에서 르네 샤르를 찾아주었다. 정치인들은 시인이자 레지스탕스 활동가 르네 샤르의 시를 수없이 인용했다. 르네 샤르의 시는 정계의 어린 왕자 에마뉘엘 마크롱과 아주 잘 어울린다. "당신의 행운을 알려라. 당신의 행복을 붙들고 위험에 뛰어들어라. 그런 당신을 바라보며 그들은 익숙해지리라."

에마뉘엘 마크롱이 외할머니에 대해서 언급한 것은 처음이 아니다. 그녀는 도처에 존재했다. 손자는 외할머니를 끊임없이 숭배했다. 그는 사적인 부분을 드러내지 않는 것을 자랑스러워했으나, 주간지 《파리 마치Paris Match》의 표지 사진을 위해 친절하게 포즈를 취하며 결국 사생활을 언론에 드러냈다.

에마뉘엘은 2013년 작고한 외할머니에 대한 언론의 지나친 관심을 허용했다. 그는 "외할머니에게 은혜를 입었고, 외할머니를 생각하지 않은 날이 하루도 없으며, 할머니의 눈빛을 갈구하지 않은 날이 없다"고 고백했다. 외할머니는 손자에게 용기와 칭찬과 애정이 담긴 눈빛을 보여주었다. 두 사람은 두 세대나 떨어졌지만, 같은 언어로 대화하며 같은 세계를 공유했다.

에마뉘엘 마크롱은 느베르, 파리, 리옹에서 열린 공식 집회에서 외할머니에 대해 자주 언급했다. 그가 이야기하는 외할머니는 외로운 아이를 위해 모든 일을 한, 그의 애인이자 절친한 친구이며, 가정교사이고 어머니였다. 진짜 어머니가 있을지라도 말이다. 그가 외할머니 댁에서 코코아를 마시며 쇼팽을 듣고, 장 지로두Jean Giraudoux의 소설을 읽었다는 점은 확실하다. 그는 문학과 철학, 대문호를 중요시한 외할머니 덕분에 성장할 수 있었다.

외할머니는 그에게 오랫동안 문법과 역사, 지리 등을 가르쳤고, 큰 소리로 책을 읽게 했다. 에마뉘엘은 몰리에르Molière,[24] 라신Jean Racine,[25] 모리아크François Mauriac,[26] 지오노Jean Giono,[27] 약간 잊힌 작가 조르주 뒤아멜Georges

---

[24] 17세기 프랑스가 낳은 가장 위대한 극작가이자 배우.

[25] 17세기 프랑스의 대표적인 극작가.

[26] 프랑스 소설가, 시인, 극작가, 언론인. 1952년 노벨 문학상을 수상했다.

[27] 프랑스 소설가. 지방주의 작가로 활약했다.

Duhamel[28]의 작품을 큰 소리로 읽었다고 썼다.

사랑과 숭배를 한 몸에 받는 외할머니의 이름은 제르 멘느 노게Germaine Noguès다. 그러나 아무도 그녀를 이름 으로 부르지 않았다. 손자에게 자신을 할머니라고 부르 라고 하지도 않았다. 평범하고 짧게 '마네트'라는 별명 을 붙인 것은 에마뉘엘의 사촌이다. 마네트에게 '마뉘' 는 대통령이었다. 그렇다, 그녀의 귀염둥이가 아니라 가장 좋아하는 대통령. 브리지트 마크롱에 따르면, 외 할머니는 에마뉘엘이 네다섯 살 때부터 그가 남다르다 는 걸 알아보았다고 한다.

전직 교사인 외할머니와 천사의 얼굴을 한 어린 손자 의 평범치 않은 관계가 그때부터 시작됐다. 두 사람은 말 그대로 독점적이고 강렬하며 완고하고 특별한 사이 였다. 두 사람은 마네트가 세상을 떠날 때까지 사랑하 며 의존했다.

다른 이들에게는 이토록 끈끈한 관계가 거북하고, 이 해하기 어려울 것이다. 에마뉘엘의 어머니 프랑수아즈 가 누구보다 그랬다. 프랑수아즈는 자기 아이를 빼앗기

---

28 프랑스 소설가이자 비평가, 시인.

고, 소외감에 힘들어했다. 마네트는 가끔 의미심장하게도 실수로 에마뉘엘을 '내 아들'이라고 불렀다. 장미셸은 장모가 아들에게 너무 강한 영향력을 행사하는 점에 대해 때때로 항의했다.

에마뉘엘의 동생들은 아버지의 부모님, 즉 조부모의 보살핌을 받았다. 프랑수아즈는 시부모와 가까이 지낸 반면, 그 유명한 친정어머니와는 긴장 관계였다.

브리지트는 에마뉘엘과 마네트의 각별한 관계는 축소하거나 깨뜨릴 수 있는 게 아님을 알아챘다. 에마뉘엘에게 외할머니 마네트는 정신적 지주임을 깨달았다.

사실상 두 사람 사이에는 특별한 것이 존재했다. 외할머니와 손자 사이의 독특하지만 순수하고 강렬한 불멸의 사랑이다. 에마뉘엘의 측근을 포함해서 할머니와 이런 관계를 겪어본 이들은 모두 한목소리로 말한다. "우리는 인생에서 그런 관계를 두 번 다시 볼 수 없을 거예요." 이런 관계를 잘 아는 로스차일드 은행의 부회장 프랑수아 앙로François Hanrot는 말했다. "당신이 얼마나 멋진 아이인지 이야기해주는 할머니의 사랑을 듬뿍 받으면, 당신 주위에는 뜨거운 거품이 일어날 겁니다."

이해심 많은 외할머니는 손자의 선생님이던 브리지트 트로뉴Brigitte Trogneux와 손자의 특별한 사랑을 지지했다. "외할머니가 처음부터 찬성한 것은 아니에요. 처음에는 좋지 않게 생각했지만 금방 마음을 바꾸셨죠." 에마뉘엘은 자신의 설득에 저항하기 어렵다는 것을 암시하듯 웃으며 이야기했다. 마네트는 두 사람의 사랑에 지원군이 되었다.

"그분이 찬성하지 않았다면 아무것도 하지 못했을 거예요." 브리지트는 고백했다. 에마뉘엘이 파리로 떠났을 때, 브리지트는 에마뉘엘의 외할머니 댁에 자주 찾아갔다. 에마뉘엘의 부모님 집 근처에 있는 외할머니 댁에서 오후 내내 머무르며 문학에 대해서 이야기를 나눴다고 한다. "그녀는 라퐁텐Jean de La Fontaine[29]에 대한 열정이 컸어요. 우리는 많은 이야기를 나눴죠."

에마뉘엘은 로스차일드 은행에 다닐 때, 시간에 구애받지 않고 마네트에게 전화했다. 때로는 한 시간씩 통화하기도 했다. 두 사람에게 꼭 필요한 대화였다. "에마뉘엘은 다른 사람이 필요하지 않아요. 그는 스펀지처럼 받아들이죠. 그러나 마지막에는 본인과 외할머니밖에 존재하지 않아요." 브리지트는 자기 생각을 말했다. 브

---

[29] 17세기 프랑스의 시인이자 우화 작가.

리지트는 두 사람의 관계가 얼마나 대단했는지 이야기하며, 외할머니가 사랑하는 손자에게 "나는 너만을 사랑한단다"라고 말하는 것을 들었다고 했다.

이 특별한 관계는 에마뉘엘이 초등학생 때 시작되었다. 당시 그는 외할머니 댁에 자주 점심을 먹으러 갔다. 하지만 밤에는 부모님 집에서 잤다. 이 유일무이한 관계를 어떻게 설명할 수 있을까? 마네트는 아이를 응석받이로 키우는 할머니가 아니다. 엄격하게 자란 그녀는 샤를 페기Charles Péguy[30]가 묘사한 흑인 경기병의 계승자 같은 사람이다. 그녀는 3공화국의 교사로서 프랑스 국민을 가르쳐야 한다는 의무감이 있었다.

외할머니는 바뉘에 드 비고르의 서민 가정에서 태어났다. 아버지는 역장이고 어머니는 가정부였다. 아버지는 글을 잘 읽거나 뉘앙스를 이해하지 못했고, 어머니는 문맹이었다. 에마뉘엘 마크롱은 자신의 책에 가드Gad 회사의 문맹인 직원들에 대해 이야기하며 외증조모를 빗댔다.

외할머니는 가족 중 유일하게 대학을 나왔다. 고등학

---

30 프랑스 시인이자 사상가.

교 3학년 때 철학 선생님 눈에 띈 그녀는 통신교육으로 문학을 전공했다. 그녀는 전쟁이 일어나기 몇 해 전 느베르에서 교사 학위를 받았고, 오늘날 표현으로 '매 맞는 여성'인 어머니를 모시고 느베르로 가서 돌아가실 때까지 어머니 곁을 지켰다. 외할머니는 기개 있는 여성이자 보기 드문 교사였다. 영화 〈죽은 시인의 사회Dead Poets Society〉에 나오는 키팅 선생님처럼 학생들의 잠재력을 끌어낼 줄 알았다.

그녀의 딸이자 에마뉘엘의 어머니인 프랑수아즈는 어머니가 2013년 97세로 돌아가실 때까지 항상 강인한 분이었다고 회상했다. 마지막까지 특별했다. 그녀는 사망하기 한 달 전에도 에마뉘엘의 여동생 에스텔과 함께 보들레르Charles Baudelaire[31] 시를 암송했다.

외할머니는 요령 있게 가족 모임에 불참하고, 일요일에는 자주 서재에 틀어박혀 책을 읽으며 담배를 피우고 클래식 음악을 들었다. 공부에 관한 한 매우 까다롭고 엄격했다. 딸 프랑수아즈는 볼테르에 대해 어머니가 모두 낙제점을 주셨다고 회상했다. 프랑수아즈는 어머니

---

31 시집 《악의 꽃Les Fleurs du Mal》으로 널리 알려진 프랑스 시인.

와 어려운 관계, 때로는 긴장된 관계를 유지했다고 밝혔다. 어머니는 주방에서 딸과 마주치면 "애야, 이런 일에 시간을 낭비하지 마라"라고 했다.

비타협적인 마네트의 교육 방식은 에마뉘엘에게도 마찬가지였다. 외할머니는 누구에게도 합격점을 주지 않았다. 브리지트는 마네트가 공부밖에 몰랐다고 말했다. 다른 손주들에게도 그랬다. 그녀는 손주들의 바칼로레아 준비를 도왔다.

외할아버지도 교사였다. '쿠루'라는 애칭으로 불린 외할아버지는 상냥하고 활동적이었다. 그는 에마뉘엘의 집에 자주 들러서 함께 저녁을 먹고, 아이들과 체스를 두거나 탁구를 쳤다. 마네트는 같이 오지 않았다.

사위 장미셸은 장모가 장인과 잘 지냈지만, 교장에서 은퇴한 뒤 집에 틀어박혀 점점 더 움츠러들었다고 말했다. "장모님에게 마뉘는 바깥세상을 보여주는 창이었어요. 그분은 마뉘에게 많이 의존했죠." 장미셸은 장모가 에마뉘엘이 원하는 일은 다 응원했고, 흥미로운 〈르몽드Le Monde〉 기사가 있으면 에마뉘엘을 위해 스크랩했다고 회상했다. 마네트는 에마뉘엘이 파리정치대학Institut d'Études Politiques de Paris에 들어간 뒤 자료를 준비하기도 했다.

에마뉘엘의 아버지 장미셸도 외할머니에게 쏟아지는 언론의 관심이 불편했다. 언론은 서민의 딸로 프랑스에서 신분 상승한 외할머니의 삶을 탐색했다. 외할머니가 돌아가실 때까지 에마뉘엘의 애착은 변함없었다.

2013년 4월, 마네트의 건강이 악화되자, 대통령 경제수석비서관이던 에마뉘엘은 외할머니에게 매일 전화했다. 4월 13일 토요일 아침, 어머니가 상황이 좋지 않다고 전화했을 때 그는 회의 중이었다. 에마뉘엘은 아미앵까지 자동차로 돌진했다. 에마뉘엘이 아직 길 위에서 달려갈 때, 전날 밤부터 의식을 잃은 마네트는 손자의 이름을 중얼거렸다. 그리고 딸이 지켜보는 가운데 손자의 품안에서 마지막 숨을 거두었다.

프랑수아 미테랑은 열다섯 살 때인 1931년, 샤랑트주에 있는 자르나크라는 도시에서 사랑하는 할머니의 마지막 순간을 지켜보았다. '니니 엄마'라 불린 할머니는 가톨릭 신자였다. 미테랑은 할머니의 마지막 말을 들었다. 오랜 세월이 흐른 1969년, 미테랑은 알랭 뒤아멜 Alain Duhamel이 인터뷰한 책《Ma part de verite진실의 내 몫》에서 고백했다.

"할머니가 돌아가셨을 때 나는 넋이 나간 채로 소파에 앉아 있었어요. 몇 시간 동안 눈물이 흘러내렸어요.

…죽음은 잠깐의 이별이 아니에요. 나는 땅에 묻을 때까지 할머니에게서 눈을 떼지 못했어요. …나는 진정한 사랑의 은혜를 아직 간직하고 있어요."

오트피레네 주의 노게 가문 토지에서 가족끼리 치른 마네트의 장례식 날(나중에 그녀를 기념하는 미사가 아미앵의 성마르틴성당에서 열렸다), 감정에 북받친 에마뉘엘은 감동적인 연설을 했다. 프랑수아 미테랑이 말한 진정한 사랑의 은혜, 외할머니에 대한 사랑과 그리움을 절절하게 표현했다.

특별한 사랑을
이루기 위한 15년

"이해될지 모르겠지만, 내가 안타까운 것은 그녀를 잃은 아이도 피해자라는 점입니다. 그녀는 사랑받기 위해 죽음을 택한 것 같습니다."

1969년 9월 22일, 엘리제궁 기자회견장에서 기자가 며칠 전 가스를 마시고 자살한 가브리엘 루시에Gabrielle Russier 사건에 대해 질문을 던지자, 취임한 지 얼마 안된 조르주 퐁피두George Pompidou[32] 대통령은 한참을 침묵하다가 대답했다. 그는 테이블에 팔꿈치를 올리고 깍지 낀 채 청중을 바라보다, 갑자기 약간 쉰 목소리로 엘뤼

---

[32] 프랑스 국민연합(우파) 소속 대통령으로, 드 골에 이어 1969년부터 1974년까지 재임했다.

아르의 시구를 읊었다. 자유를 상징하는 짧은 머리 여인에게 바치는 시였다.

가브리엘 루시에 사건은 당시 프랑스 전역을 뒤흔든 비극적인 스캔들이다. 서른두 살 가브리엘 루시에는 사건 몇 년 전 이혼했다. 그녀는 문학 교사 자격증이 있으며, 마르세유의 생텍쥐페리고등학교 교사이자 쌍둥이 자녀를 둔 어머니다. 그녀의 잘못은 고등학교 3학년 학생과 관계를 맺었다는 점이다. 만 열일곱 살 크리스티앙 로시라는 학생이다.

이 이야기는 1968년 5월혁명의 격정과 무관심 속에서 탄생했다. 학생의 부모는 미성년자 유괴 혐의로 가브리엘 루시에를 고소했다. 그녀는 곧바로 체포되었고, 1968년 12월 보메트에서 5일간 수감되었다. 이듬해 4월에는 8주 동안 수감되었다. 1969년 7월 가브리엘 루시에는 징역 12개월과 벌금 500프랑을 선고받았다. 그리고 그녀는 자살했다. 이 비극적인 이야기는 샤를 아즈나부르Charles Aznavour의 노래에 영감을 주었고, 1971년 아니 지라르도Annie Girardot가 주연하고 앙드레 카야트André Cayatte가 제작한 영화 〈Mourir d'aimer사랑하여 죽으리라〉로 탄생했다.

프랑스어 교사이자 한 가족의 어머니인 30대 여성,

자신의 연극 수업을 듣는 제자인 젊은 남성, 지방의 도시, 걱정하는 부모님, 상처 받은 윤리… 크리스티앙 로시와 가브리엘 루시에의 이야기는 "그가 봄이라면, 그녀는 가을이다" "사람들은 편협한 생각으로 그들을 증오한다"는 아즈나부르의 〈사랑하여 죽으리라〉 노랫말처럼 24년 뒤 일어난 에마뉘엘 마크롱, 브리지트 트로뉴의 이야기와 비슷하다.

두 이야기는 공통점이 많지만 결말이 매우 다르다. 가브리엘 루시에는 사랑해서 죽음을 택했지만, 에마뉘엘 마크롱과 브리지트 트로뉴는 행운을 꼭 붙들고 행복을 누리기 위해서 함께 살며 사랑하는 길을 택했다.

에마뉘엘은 《Révolution》에 다음과 같이 썼다. "남들에게 인정받기 전에는 숨겨야 하는 은밀한 사랑, 이해받지 못하는 사랑이었다. 그러나 끈기와 확고함으로 사랑의 결실을 맺었다."

1969년 퐁피두 대통령 시절의 프랑스와 1993년 미테랑 대통령 시절의 프랑스는 확실히 다르다. 에마뉘엘의 아버지가 웃으며 말하듯이, 가브리엘 루시에 사건이 일어나고 세월이 많이 흘렀다. 에마뉘엘의 부모는 브리지트를 미성년자 유괴 혐의로 고소하지 않았다. 교사 브리지트와 학생 에마뉘엘의 사랑으로 예수회 학교 라프로비당스가 위치한 아미앵의 부르주아 동네가 소란했다. 에마뉘엘의 부모는 자유주의자고 전부터 아들이 독특한 아이임을 알았지만, 아들의 로맨스를 듣고 기뻐하지 않았다.

학교에서 우수하고 사랑스럽고 상냥하며, 어떤 청중이든 사로잡을 줄 아는 에마뉘엘은 책 읽기를 좋아했다. 약간 세상을 떠나 살거나, 스스로 창조한 세상에 사는 듯 보였다. 《Révolution》에서 인정했듯이 그는 '텍스트와 단어' 속에 살았다. 그의 세상 또 다른 지평선에는 피아노와 연극이 존재했다.

그는 연극을 통해 브리지트를 만났다. 에마뉘엘은 다음과 같이 털어놓았다. "고등학교 연극 수업 시간에 브리지트를 만났어요. 우리 둘 사이에 형성된 지적인 공감대는 시간이 흐르면서 감성적인 친근함으로 바뀌었죠. 다툼도 있었지만, 우리 사랑의 열정은 언제나 변함이 없었어요." '감성적인 친근함'이란 표현에서 낭만적인 조심성이 엿보인다.

브리지트는 라프로비당스에 부임한 때를 회상했다. "모든 교사들이 에마뉘엘에 대해서 이야기했어요." 에마뉘엘과 같은 반이던 브리지트의 딸 로랑스Laurence도 그는 모든 것을 아는 천재라고 이야기했다. 에마뉘엘은 브리지트의 연극 수업을 들었고, 그의 남동생과 여동생은 브리지트의 프랑스어 수업을 들었다.

브리지트는 에마뉘엘의 빼어난 지성, 전에는 한 번도 보지 못한 재능에 금방 매료되었다. "나는 항상 어안이 벙벙했어요." 그녀는 감탄했다. "그는 역사, 지리 등 모든 수업에서 특별했어요. 수학은 매우 잘했지만 특별하진 않았고요. 그는 모든 것을 기억했어요. 그는 두뇌 속에 차곡차곡 정보를 저장했는데, 거기에는 어떤 법칙이 있는 것 같았죠"라고 덧붙였다.

모든 것이 다른 두 사람은 우연한 만남과 사랑의 장난으로 선생님과 제자 이상의 관계로 급속히 발전했다. 열광적인 낭만주의자들이 그렇듯이 모든 것은 단어에서 시작되었다. "나는 금요일마다 브리지트와 함께 몇 시간씩 연극 대본을 썼어요. 몇 달 동안 그랬죠. 대본이 완성되면 함께 무대에 올리기로 했어요. 우리는 모든 것을 이야기했어요. 어느새 대본을 쓰는 일은 구실이 되었고, 우리는 예전부터 알고 지낸 사이 같았죠."

이 특별한 만남의 감동과 흥분을 간직한 브리지트는 몇 년 뒤 친구에게 고백했다. "그와 함께 연극 대본을 쓸 때 나는 모차르트와 일하는 것 같았어!"

당시 서른아홉 살이던 브리지트는 처음에 이 사랑에

저항하려고 애썼다. 그녀는 기혼이고, 세 자녀를 둔 어머니로 안락한 부르주아의 삶을 누렸다. 최소한 물질적으로는 풍요로운 인생이었다. 그러나 풍요가 모든 것을 해결해주진 않는다. 그녀는 전남편 앙드레루이 오지에르André-Louis Auziere에 대해 거의 언급하지 않았다. 조심스럽고 신중했다. 그녀가 원하지 않는 일이나 말할 수 없는 일도 있었기 때문이리라.

어쨌든 전남편은 그녀를 행복하게 해주지 못했다. 그렇지 않으면 그녀가 위험을 감수할 리 없었을 것이다. 그렇지 않으면 만 열여섯 소년이 로맨틱한 사랑의 맹세를 하도록 내버려둘 리 없었을 것이다. 헝클어진 머리에 눈빛이 순수한 소년은 학업을 위해 파리로 떠나면서 "나는 돌아와 당신과 결혼할 거예요"라고 청춘을 걸고 맹세했다. 그는 질베르 베코Gilbert Bécaud의 노랫말처럼 약속을 지켰다. "나는 당신을 찾으러 돌아가리라. 당신이 기다린다는 걸 안다. 서로가 없이는 살 수 없다는 걸 안다…."

브리지트를 만나기 전, 에미뉘엘은 여유를 부리며 학업에서 탄탄대로를 걷는 듯 보였다. 라프로비당스에는 그가 대적할 상대가 없었다. 그에게 여자 문제는 중요한 고민이 아니었나 보다. 그의 부모는 딱 한 번 여학생이 아미앵의 집에 온 적이 있다고 했다. "마뉘 또래의 예쁜 여학생이었어요. 그녀는 동료 의사의 딸이었죠. 두 아이는 몇 달 정도 만났어요." 에마뉘엘의 아버지가 말했다. 그녀는 나중에 의대에 진학했다고 한다. 에마뉘엘의 어머니는 '같은 반 여학생과 만난 청소년다운 연애'였다고 말했다.

상황이 어떻든 에마뉘엘과 그 여학생의 이야기는 브리지트와 만남으로 일순간 사라졌다. 브리지트와 에마뉘엘은 절대적으로, 끊임없이 서로가 필요했다. 처음에 에마뉘엘의 부모는 아들이 같은 반 친구 로랑스 오지에르(브리지트의 딸)와 데이트한다고 생각했지만, 우연히 사실을 알았다. 에마뉘엘은 샹티이 근처에서 바칼로레아 공부하러 간다고 말하고 집을 나섰는데, 한 친구에게서 전화가 왔다. 친구는 주말 계획을 묻기 위해 전화했다. '마뉘'는 이 친구와 날마다 통화하며 일과를 이야기했다. 어머니 프랑수아즈는 에마뉘엘이 샹티이에 가지 않았음을 알아챘다.

아버지 장미셸은 친구들과 공부하러 간 아들을 마중하러 역에 나갔다. 프랑수아즈는 집에 도착한 아들을 나무라는 자신에게 장미셸이 목소리를 높였다고 회상했다. "내게는 아들이 브리지트와 교제하는 게 문제가 아니라, 아들이 살아 있고 별 탈이 없다는 게 중요한 문제예요.” 그러나 아버지 장미셸의 이야기는 다르다. 장미셸이 어쨌든 학업은 망치지 말아야 한다고 에마뉘엘에게 잔소리하자, “어떤 분야든 무엇보다 자유가 중요하다고 생각해요. 이 일도 합리적으로 지나가리라 생각해요”라고 목소리를 높인 건 프랑수아즈라고 했다.

장미셸은 에마뉘엘과 브리지트의 관계에 대해서 알고 깜짝 놀랐다는 사실을 숨기지 않았다. 프랑수아즈는 인정했다. “마뉘가 브리지트와 교제할 때, ‘정말 멋지구나’라고 말하지 않은 것은 분명해요.” 프랑수아즈의 어머니인 유명한 ‘마네트’는 매우 협조적이었다고 한다. “우리 어머니는 이런 상황에서 자식에게 너그럽지 않았어요. 어머니는 손자의 사랑 놀이에 훨씬 더 너그럽고 개방적인 태도를 보여주었죠.”

당시 충격을 받은 장미셸과 프랑수아즈는 에마뉘엘이 성인이 될 때까지 만나지 말아달라고 브리지트에게 부탁하기로 결심했다. 장미셸은 이것이 좋은 해결책인지 확신이 서지 않았다. “나는 이 방법이 역효과를 일으킬 수 있다고 생각했어요.” 그러나 아내의 고집에 자신과 별로 어울리지 않는 역할을 했다. “마뉘가 만 열여덟 살이 될 때까지 만나는 것을 금지합니다.” 브리지트는 눈물을 흘리며 대답했다. "아무것도 약속할 수 없어요." 일시적으로 지나가는 사랑이 아니라는 걸 안 프랑수아즈는 "이해 못 하는 것 같은데, 당신은 당신 인생이 있지만 에마뉘엘은 자기 아이를 갖지 못할 수 있어요"라고 말했다.

아미앵 판 로미오와 줄리엣 이야기가 아니다. 작은 지방 도시의 예수회 학교에 재직 중인 존경 받는 프랑스어 교사이자 기혼녀, 세 아이의 어머니인 브리지트는 몇세대에 걸쳐 마카롱으로 유명한 트로뉴 집안 출신이다. 사람들은 수군거렸다. 그들의 순정적인 사랑 이야기는 성당에서 미사를 마치고 나오는 사람들의 대화를 점령했다. 프랑수아즈는 근무하던 병원의 접수처에서 일하는 여성이 보여준 반응을 기억했다. 그녀는 마치 가족을 잃은 것처럼 말했다. "이게 대체 무슨 일이에요? 끔찍해요. 당신 생각을 많이 했어요!"

때마침 에마뉘엘은 고3 수험 생활을 위해 파리로 떠났다. 에마뉘엘 부모는 아들을 브리지트에게서 멀리 떼어놓기 위해 전학시켰을까? 그들은 아니라고 했다. 두 사람은 자신들이 아들을 버렸다는 루머에 어이없다며 분노했다.

사랑에 불타오르던 젊은 수재가 스스로 결심하고 외

할머니의 도움을 받아 파리로 떠났다. 세상이 자신의 사랑을 받아들이게 하고, 인정받기 위해서다. 용기 있는 자가 전설을 만들고, 낭만적인 사랑을 이룬다. 그러나 에마뉘엘이 아무리 자신의 선택을 받아들이게 하려고 싸워도 현실은 훨씬 더 복잡했다. 대통령 선거 과정에서 그는 말했다. "맞아요, 나는 사랑과 일을 위해 싸웠어요. 그것은 가장 쉬운 일도, 확실한 일도, 당연한 일도 아니었어요. 이전의 사례도 없는 일이었죠."

당시 부모님의 반응을 물었을 때, 에마뉘엘은 처음에는 부모님이 수긍하지 못하셨다고 했다. "부모님을 거의 설득할 뻔했으나, 부모님은 여러 차례 생각한 끝에 그만 만나라고 하셨어요. 그리고 정상적인 방법으로 할 수 있는 모든 일을 하셨죠. 나는 어떻게 해야 할지 몰랐고요."

괴롭던 이 시절을 회상할 때 그는 약간 날카로워졌다. "참으로 힘들었어요. 그렇게 사는 건 어리석은 일이라고 하셨죠. 가족 모두 반대했어요. 나에게는 학업을 계속하고 일을 시작해야 할 의무가 있었고요. 남들과 다르게 산다는 것은 참으로 힘든 일이에요. 반대를 무릅쓰고 인정받기 위해서는, 남다르게 살기 위해서는 싸워야해요." 그는 잠시 후 덧붙였다. "15년 동안 겪은 일이에요. 간절했기에 오늘날 원하는 결과를 얻을 수 있었죠. 하루아침에 얻은 게 아니에요."

에마뉘엘의 이야기를 들어보면 그는 그 15년을 영원처럼 느끼는 듯하다. 배척되진 않았지만 세상과 평행선을 그은 듯이 동떨어져 지낸 15년이다. 가족 간의 균형에 신경 쓴 15년이다. 그들의 특별한 사랑을 가족과 사회가 받아들이도록 노력한 15년이다. 이는 한순간도 타인의 시선 속에 살기를 원치 않았다는 의미다. 오랜 시간 지인들에게 이해받지 못하고, 자신에 대해 잘 모르면서 자신을 바라보는 이들에게 이해받지 못하며 살아야 했기 때문이다.

그는 다시 생각해도 화가 나는 듯 단숨에 말했다. 그는 브리지트가 왜 협상 불가능한 대상인지 설명했다. 이제 시련을 극복하고, 아주 어렸던 자신의 선택을 인정받고, 마음 상하게 하는 지적과 삐딱한 시선을 조롱하는 데 이르렀음을 넌지시 말했다. 그는 사랑의 모험 덕분에 한 번에 3킬로미터를 갈 수 있는 장화[33]를 신고, 유년기에서 청소년기를 거치지 않고 바로 어른이 되었

---

[33] 동화 《엄지 동자Le petit Poucet》에 나오는 장화.

으며, 프랑스를 쟁취할 수 있었다. 그는 웃으며 답했다. "청소년에 대해서 전혀 알지 못합니다. 나는 오랫동안 어린이였고, 그다음 어른이 되었죠. 불확실한 청소년 기를 겪고 싶지 않았어요." 그의 부모는 아들과 브리지 트의 관계가 '진실한 사랑'임을 마침내 받아들이고 인 정했다.

장미셸에 따르면 파리에서 고3 수험 생활을 보내기 원한 건 에마뉘엘이고, 브리지트 역시 독려했다고 한 다. "파리 전학 문제로 오랫동안 이야기했어요. 오랜 시 간에 걸쳐 세운 계획이죠. 마뉘의 성적이 좋아 그랑제 콜[34] 준비반에 들어갈 생각이었어요. 우리는 그가 좋은 환경에서 최상의 결과를 얻기 바랐어요. 앙리 4세 고등 학교의 수학 우월반에 합격한 남동생과 여동생도 마찬 가지죠."

어머니도 비슷했다. "라프로비당스에는 에마뉘엘의 경쟁자가 없었어요. 우리 부부는 의사고, 고민한 끝에 파리에서 공부시켜야겠다고 생각했죠. 이 결정은 브리

---

[34] 대학교와 구분되는 프랑스 특유의 소수 정예 고등교육 연구 기관으로, 각 분야에서 최고 수준의 교육을 제공한다.

지트와 관계가 없어요." 자녀의 미래에 대해 걱정하는 부모의 전형적인 이야기다.

2학년 말, 선생님들은 에마뉘엘이 파리로 전학할 수 있도록 서류를 준비해주었다. 그는 3학년 때 파리의 유명한 학교인 앙리 4세 고등학교로 전학했다. 부모는 에마뉘엘이 살 집을 구하러 파리에 갔다. 그들은 학교 근처에 있는 작은 방 하나를 얻었다. 집주인이 건물에 거주하는 그곳에서 에마뉘엘은 1년간 살았다. 그 뒤에는 부모님이 작은 아파트를 얻어주어 동생들과 지냈다.

파리의 첫 집은 화려하지 않았다. 층마다 공동 화장실이 있고, 세면대 위에 요리를 위한 버너가 있었다. 에마뉘엘은 지방에서 파리로 올라오는 수많은 학생들처럼 부모님의 재정적 지원을 받았다. 어머니는 아들이 주말에 아미앵으로 돌아오면 옷을 세탁하고, 아들의 냉장고를 채울 음식을 준비했다. 그는 주말마다 아미앵에 돌아왔다.

처음 한 달은 호락호락하지 않았다. 고향을 떠난 것도 모자라, 늘 1등만 하던 에마뉘엘이 최고 수준 학생들과 경쟁했기 때문이다. '신동'은 특출함을 잃었다. 그는 처음으로 시련에 부딪혔다. 이제 최고가 아니었다. 사람들에게 찬사 받고, 질투와 동경을 한몸에 받는 아이가 아니었다.

어머니는 다음과 같이 기억했다. "그때 에마뉘엘은 매우 힘들어했어요. 20점 만점에 평균 11~12점을 받았거든요. 하지만 크리스마스 즈음에는 성적을 따라잡았어요." 그는 가끔 브리지트를 몰래 만났을지 모르지만, 그때는 정말 힘든 시기였다. 브리지트는 여전히 아미앵에서 교편을 잡았고, 기혼 상태였다. 에마뉘엘은 여전히 사교적이지만, 이제 친구들의 우상이 아니었다. 그는 가족과 사랑하는 외할머니에게서 멀리 떨어진 채, 잘 모르는 매우 특권적이고 경쟁적인 파리 한가운데 놓였다.

에마뉘엘은 파리로 전학한 일을 '매우 아름다운 모험'이라고 자신의 책에 썼다. 그보다 앞서 "나는 소설 속에 존재하는 장소에 살러 왔다. 나는 플로베르Gustave Flaubert[35]나 위고Victor Hugo[36] 같은 인물이 걸은 길을 걸었다. 나는 발자크Honore de Balzac[37]의 젊은 늑대처럼 탐욕스

---

[35] 《보바리 부인Madame Bovary》으로 널리 알려진 프랑스 소설가.
[36] 《레 미제라블Les Misérables》로 유명한 프랑스 소설가.
[37] 프랑스 소설가. 사실주의 문학의 거장.

러운 야망을 품었다"고 자신을 파리에 사는 야심찬 소설 주인공으로 미화했지만, 순간순간 소설적인 흥분을 느끼지는 못했을 것이다.

에마뉘엘의 친구가 강조하듯이 앙리 4세 고등학교는 명문 루이 르 그랑 고등학교가 아니다. 그러나 지방 출신이 거의 없는 동네에 위치한 학교로, 평생을 센강 왼쪽에서 살아온 학생들이 많다. 부르디외Pierre Bourdieu[38] 같은 엘리트를 탄생시키기에 완벽한 학교다.

비슷한 학생들이 모인 이 왕국을 통과하기란 쉽지 않았다. 에마뉘엘은 노동자의 아들이 아니지만 자신이 잘 알지 못하는 세계, 경험해보지 못한 관례와 규범의 세계에 녹아들어야 했다. 앞서 파리로 떠난 다른 학생들처럼 처음 몇 달은 시련을 겪을 수밖에 없었다. '사랑하는 그녀와 함께 내가 선택한 대로 살겠다'고 정해놓은 생각과 집착, 그의 사랑 브리지트를 위해 견뎌야 하는 시련이었다.

에마뉘엘은 열여덟 살에 그랑제콜 준비반에 등록했

---

[38] 《구별짓기La Distinction》로 널리 알려진 프랑스의 사회학자이자 참여 지식인.

다. 브리지트와 그의 사랑은 더 깊어졌고, 서로 대화를 나누지 않는 날이 하루도 없었다. 마음이 바뀌지 않았다. 그는 어머니에게 선언했다. "어머니가 이해해주시면 좋겠지만 그렇지 않더라도 나는 브리지트를 계속 만날 겁니다."

아들이 끝까지 가리란 걸 깨달은 프랑수아즈는 그의 마음을 바꾸려는 시도조차 하지 않았다고 한다. "내가 마뉘를 말릴 생각이었다 해도 그것은 불가능했어요. 그는 단호한 아이고, 두 사람의 관계가 진지하다는 것을 금방 알아챘거든요."

그들의 사랑은 정확히 언제부터 시작되었을까? 내밀한 지적 공감대가 언제 다른 것으로 바뀌었을까? 말하기 어렵다. 두 사람 모두 최소한의 날짜도 가르쳐주지 않았다. 브리지트는 말했다. "우리 이야기가 언제 사랑 이야기로 바뀌었는지 아무도 알 수 없을 거예요."

에마뉘엘이 국립행정학교 재학 중 인턴 과정을 위해 나이지리아로 떠날 때, 브리지트는 링 세 개로 된 반지를 선물했다. "나는 그가 나이지리아로 떠날 때 반지를 선물했어요. 우리가 6개월이나 떨어져 지낸 것은 그때가 처음이거든요." 브리지트도 같은 반지를 끼었다. 에마뉘엘은 오른손에 반지를 끼었는데, 사람들은 이 약혼

반지에 대해 수군거렸다.

세월에 힘입어 가족과 관계가 개선되었다. 프랑수아즈는 2000년에 에마뉘엘, 브리지트, 브리지트의 딸과 함께 바캉스를 떠났다. 그때 동행한 브리지트의 딸은 에마뉘엘의 여동생 에스텔과 동갑이다.

7년 뒤 트로뉴 집안의 영지가 있는 투케에서 열린 에마뉘엘과 브리지트의 결혼식에 어머니, 아버지, 외할머니 마네트가 참석했다. 결혼식은 투케의 자택 앞에 있는 웨스트민스터호텔에서 열렸다. 결혼식에는 미셸 로카르 부부, 국립행정학교의 친구 가스파르 간체Gaspard Gantzer와 마티아스 비세라Mathias Vicherat, 세바스티앙 베일Sébastien Veil이 참석했다. 파리정치대학 시절 친구인 마크 페라시Marc Ferracci와 에마뉘엘의 후원자이자 대부 앙리 에르망드가 결혼식의 증인으로 참석했다.

"결혼식은 매우 만족스러웠어요. 그들이 모든 것을 준비했고 나는 음악만 골랐죠. 그들은 내가 고른 〈라데츠키행진곡Radetzky Marsch〉에 맞춰 입장했어요." 어머니 프랑수아즈가 이야기했다.

전 경제산업부 장관 에마뉘엘에게 헌정하는 피에르 위렐Pierre Hurel의 다큐멘터리 〈La Stratégie du météore별똥별 전략〉에 나오듯이, 에마뉘엘은 결혼식 날 자기 부부를 허락해준 모든 이에게 감사 인사를 전했다. "여러분은 우리 부부가 지나온 15년 세월의 증인입니다. 여러분이 우리를 허락해주셨기에 마침내 오늘에 이르렀습니다. 이렇게 표현하는 걸 좋아하지는 않지만, 지극히 평범하거나 일반적이지 않아도 이런 커플이 존재합니다. 여러분 덕분입니다."

시간이 흘러 상처는 치료되거나 줄어들었다. 남의 자식과 손주를 키우기로 한 아들의 선택에 고통스러워하던 어머니 프랑수아즈도 안정되었다. 그녀는 두 사람의 사랑 앞에 두 손 들었다. "마뉘가 국립행정학교에 다니던 시절, 젊은 여자들이 보낸 연애편지를 봤어요. 마뉘는 봉투도 뜯지 않았어요. 아무리 예쁜 여배우가 나타나도 그는 눈 하나 꿈쩍하지 않을 거예요. 마뉘와 브리지트의 관계는 떼어놓을 수 없는 완전한 사랑이에요." 그리고 웃으며 "브리지트는 며느리가 아니라 내 친구예요"라고 덧붙였다.

단 하나의 사랑
브리지트

브리지트가 조금씩 잡지에 등장하기 시작했다. 처음에는 발끝으로 살금살금 걷듯이 고개를 내밀었다. 투케에서 주말을 보내며 손잡고 걷는 부부의 도둑맞은 사진이 주간지 《VSD》에 게재되었다. 에마뉘엘은 청바지에 이상하게도 셔츠를 겹쳐 입었고, 브리지트는 미니스커트에 굽 높은 운동화를 신었다. 그리고 무릎 위까지 오는 하얀색 레이스 원피스와 베이지색 외투를 전부 루이 비통으로 빼입은 브리지트가 남편의 팔짱을 끼고 엘리제궁의 공식 만찬 석상에 등장한 사진이 《파리 마치》의 1면을 장식했다. 두 사람은 손잡고 환하게 웃으며 시치미를 떼는 모습이다. 아직 엘리제궁에 입성하지 않았지만, 적어도 새로운 커플이 등장했다는 이미지를 함축적으로 보여주었다.

에마뉘엘은 현대적으로 정의되는 사랑을 하는 남자치고 역설적으로 정치계 선배들의 전통적인 소통 방식을 이용했다. 니콜라 사르코지Nicolas Sarkozy를 지지하며 대선에서 프랑수아 피용François Fillon[39]을 선택하려고 마음먹은 사람들은 페넬로페 게이트[40]로 고개를 돌렸다. 프랑스 보수주의자들은 가족과 부부, 전통적인 가치를 중시한다.

미디어는 프랑수아 올랑드 대통령이 발레리 트리에르바일레르[41]와 결별하고, 새로운 동반자 역할을 한 줄리 가예[42] 이후 풍부한 가십거리를 줄 새로운 '여성 혹은 동반자'를 찾아 빠르게 탐색했다. 호사가들이 이 독특한 커플에 관심을 보였고, 파리 호사가들의 저녁 식사 화제로 마크롱 부부가 떠올랐다.

---

[39] 프랑스 총리를 역임한 정치인.

[40] 페넬로페Penelope Fillon가 남편의 정치 보좌관과 문학잡지의 고문으로 허위 고용되어 이득을 취했다는 보도 후, 대선 후보 프랑수아 피용이 이미지에 큰 타격을 받은 사건.

[41] 주간지 《파리 마치》의 정치부 기자. 한때 프랑수아 올랑드 대통령의 연인으로 퍼스트레이디 역할을 했다.

[42] 프랑수아 올랑드 대통령과 밀회한 사실이 밝혀져 유명해진 프랑스 영화배우이자 제작자.

마크롱 부부가 아직 그들의 일원이 아닐 때다. 당연히 이 부부의 나이 차이에 대해 이해할 수 없다는 반응을 쏟아내며, 입방아에 올렸다. 현대적이고 동시에 전통적이며, 탈규범적이고 동시에 규범적인 브리지트란 여성에 대해 질문이 쏟아졌다. 그녀는 의심할 여지없이 진짜 소설 속 주인공이었다.

생루이드곤자그 고등학교의 프랑스어 교사이자 얌전한 부르주아 같은 이미지와 달리, 투박하고 격식을 차리지 않은 면이 브리지트를 다시 보게 한다. 그녀의 무한한 미소와 좋은 성격보다 결점이 많고 연약해 보이는 점이 그녀에 대한 믿음을 준다. 에마뉘엘에게 그녀는 열여섯 살 때부터 시련과 출세를 함께 겪은 동반자다. 브리지트는 그의 사랑으로 과감히 가족과 맞서고 자녀들을 설득했으며, 지방 도시의 소문과 삐딱한 시선, 비방을 극복할 수 있었다. 사랑을 위해 남편, 경제적 안정, 세 자녀 등 모든 것을 버리고 떠났다.

결단과 용기는 에마뉘엘만의 것이 아니다. 에마뉘엘은 《Révolution》에서 이 점을 인정했다. "진정한 용기는 그녀의 것이다. 그녀는 관대하며 인내심 있는 결단을 내렸다. 그녀는 세 자녀와 남편이 있었다. 나는 제자일 뿐 아무것도 아니었다. 그녀는 내가 가진 것을 사랑한 게 아니다. 내가 주는 안락과 안정을 위해서가 아니다. 그녀는 나를 위해 모든 것을 버렸다. 그러나 그녀는 늘 아이들을 걱정했다. 그녀는 아이들에게 아무것도 강요하지 않았지만, 상상할 수 없던 일을 천천히 이해하고 받아들이도록 하려고 노력했다."

여성지와 SNS를 통해 할리우드의 쿠거[43]에 어느 정도 익숙한 프랑스에서도 이들의 나이 차이는 상상할 수 없는 일이었다. 프랑스에서는 유명한 남성이 아주 어린 여성과 공공연히 등장해도 놀라워하지 않는다. 프랑스 사회가 아직 이런 면에서는 보수적이라는 증거다.

에마뉘엘은 처음에 감정이 상했다. "나이 차이가 반대였다면 이렇게 특이하다고 하지 않았을 거예요. 그녀는 이런 점이 여성 혐오라고 여러 번 이야기했어요. 사람들은 진심에서 우러나오는 것, 특이한 것을 잘 수용하지 못하죠. 그런 이유 때문이라는 걸 처음부터 알았어요. 다들 운명에 대해 말하잖아요. 나는 결심하는 순간, 명확하게 운명임을 알았어요."

---

[43] 젊은 남성을 선호하는 부유하고 나이 많은 여성을 일컫는 말.

폴 리쾨르Paul Ricœur[44]와 미셸 로카르는 에마뉘엘에게 살면서 가장 인상 깊었던 이가 누구인지 물었다고 한다. 에마뉘엘은 "브리지트의 결단력이 가장 인상 깊었다. 그녀는 진정으로 탈규범적인 사람이다"라고 답했다. 그는 브리지트를 위해 아이를 포기했고, 그녀의 대통령이 되기로 결심했다.

그녀는 그에게 유일한 존재다. '적당한 나이'가 아니라 바로 이 점이 특이하다. 작가 뤽 르 바일랑Luc Le Vaillant은 일간지 〈리베라시옹Libération〉의 칼럼에 "황혼에 접어든 남성들은 자신의 명성과 능력, 나약해진 권력을 풍부한 생식능력이나 에너지 넘치는 몸매와 맞바꾸려 한다. 황혼에 접어든 여성들 또한 멋쟁이 젊은 남자를 유혹하지 않을 이유가 없다"고 썼다.

젊은 남자를 유혹하는 것이 브리지트의 진정한 목표는 아니었지만, 그녀는 젊은 여자 때문에 남편이나 애인에게 버림받은 모든 원숙한 여인들 대신 복수해주는 기수나 선구자처럼 여겨졌다. 르 바일랑은 "브리지트

---

[44] 자크 데리다Jacques Derrida, 위르겐 하버마스Jurgen Habermas와 함께 '현대에 살아 있는 3대 철학자'로 꼽힌 프랑스의 철학자.

는 논쟁을 원만하게 수습하는 여인의 선구자처럼 여겨졌다"고 썼다.

브리지트는 결국 디안 드 푸아티에Diane de Poitiers[45]나 조제핀Joséphine Bonaparte의 길을 걸었다. 디안은 앙리 2세의 가정교사이자 스무 살 나이 차를 뛰어넘은 연인이었다. 조제핀은 나폴레옹 보나파르트와 떨어져 지낸 8년 동안 남편의 탁월한 능력이 빛나도록 애쓰며 전통적인 역할을 했다.

브리지트는 에마뉘엘의 곁에 머무르기 위해 자신이 좋아하는 직업을 그만둘 준비가 되었다. 그에게 조언하고 격려하며 동행했다. 르 바일랑은 "그녀가 아무리 자신의 행적을 언급하고 지적으로 북돋운다 한들 높은 지위에 오르는 것은 에마뉘엘이고, 그녀는 동반자일 뿐이다. 젊지만 별 볼일 없는 애인이 비서로 대통령 브리지트와 동행하는 시대는 아직 오지 않았다"고 썼다.

브리지트는 나이 차이에 대한 사람들의 생각, 언론의 왜곡된 돋보기로 탐색된 모든 내용을 거북해했다. 우리

---

45 16세기 프랑스 노르망디 대판관의 부인이자 프랑스 왕 앙리 2세의 연인. 당시 권력의 실세로 군림했다.

가 놀라는 만큼 그녀도 놀랐다. 그녀는 "나이 차이를 강조하는 사람은 우리에 대해 아무것도 알지 못하는 이들입니다"라고 거침없이 말했다. 열성적인 목소리다.

에마뉘엘에 대해 이야기할 때 브리지트의 눈동자는 별처럼 반짝이고, 목소리에선 영롱함이 느껴진다. 그녀의 이야기를 들어보면 에마뉘엘은 외계인은 아니지만 정말 특별한 남자다.

그는 마흔이 되지 않았지만, 브리지트는 예순셋이다. 그게 무엇이 중요할까? 브리지트는 모든 질문에 성실히 대답하지만, 언론과 언론인이 캐묻는 사적이고 호기심 어린 질문 공세를 피해 사생활을 지키려고 노력하면서 많은 걸 해냈다. 필요할 때는 주저하지 않고 먹잇감을 제공했다. 그녀는 훌륭한 병사다. 전직 장관의 부인, 대선 후보의 부인을 거쳐 지금은 대통령의 부인이다.

그들의 만남은 앞서 이야기했듯이 명약관화한 일이자 의무이며 운명이다. 고대 예술 작품처럼 아름다운 만남이다. 21세기판 플로베르의 작품을 연상케 한다. 아미앵의 조용하고 답답한 부르주아 세계에서 피어난 애절한 사랑. 그들의 절규와 눈물이 그려진다. 찢어질 듯한 아픔과 고통, 인생의 선택, 수많은 비방이 상상된다. 그러나 브리지트는 의지가 강한 사람이며, 쾌활하고 열렬한 낙관주의자다. 파리지엔느에게서 보기 힘든 특징이 있다.

등 뒤에서 수군거리거나 나무라고 비난하는 소리, 조롱하는 이야기는 그녀에게 아무런 영향도 미치지 못했다. 그녀에게는 소문 말고 다른 걱정이 있었다. 편찮으신 부모님과 누구보다 자녀들이 가장 큰 걱정이었다. "나는 가족, 특히 우리 아이들이 상처 받기를 원치 않았어요. 부모님도, 아이들도 아프게 하고 싶지 않았어요. 나는 험담을 듣는 것보다 훨씬 중요한 일을 걱정했죠. 나는 언제나 열려 있지만 사람들은 내게 아무 말도 하지 못했어요."

사람들은 브리지트에게 아무 말도 못 했다. 그러나 그녀의 형제자매, 특히 스무 살 많은 큰오빠의 반대가 심했다. 트로뉴 집안은 아미앵에서 평범한 집안이 아니다. 피카르디 지역 출신으로 가톨릭을 믿으며, 다소 우파 성향인 트로뉴 집안은 가게 간판에 쓰였듯이 5대를 이어온 쇼콜라티에[46] 가문이다. 그들은 아미앵뿐만 아니라 아라스, 릴, 생캉탱에도 가게를 운영한다. 조용하

---

[46] 초콜릿을 만들고 디자인하는 초콜릿을 장인을 뜻하는 말.

고 영향력 있는 이 집안은 1990년대에 질 드 로비엥Gilles de Robien 시장의 주요 후원자였다. 이런 내용은 언론인 마크 앙드벨드Marc Endeweld가 쓴 《L'Ambigu Monsieur Macron모호한 마크롱 씨》에 나온다.

이 사랑 이야기는 조용하고 평탄하던 트로뉴 집안에 풍파를 일으키고, 브리지트를 궁지로 몰아넣었다. "내 형제자매가 도덕성 운운하며 떠나버린 게 사실이에요. 그들은 도덕성에 어긋난다고 말했어요." 그녀는 지금도 어떤 점이 일탈인지 이해 못 하고 의아해한다. "내가 일탈했다고요? 그게 일탈이라면 에마뉘엘이었기 때문이에요. 나이 차이 때문이 아니고요." 그리고 덧붙인다. "나는 항상 에마뉘엘이 내 또래라고 생각해요. 단지 나보다 어린 남자였다면 데이트하지 않았을 거예요. 현재 에마뉘엘 또래 30~40대 남자를 보면, 나는 절대 못 할 거라고 생각해요. 우리의 사랑은 그가 어떤 사람인가에 따라 설명되지, 나이로 설명될 수 없어요. 에마뉘엘은 보기 드문 지성인이며, 특별한 인간성을 갖췄어요. 그의 이런 장점은 엄청난 힘이 있어요."

여전히 스물네 살 연하의 남편에게 빠진 그녀에게 나이 차이는 사소한 문제일 뿐이다. 지엽적이고 중요하지 않은 사항이다. 이 부부가 수면 위로 떠오르면서 나이 차이가 노골적으로 강조되었지만, 중요한 점은 아니다. 브리지트는 젊은 남성을 선호하는 부유하고 나이 많은 여성이 절대 아니다. 그녀는 전혀 그런 부류가 아니다. "우리는 평범한 커플이에요. 나는 우리가 예외적인 커플이라고 생각하지 않아요. 우리는 서로를 필요로 하고, 정말 오래전부터 함께했어요."

그녀는 틀리지 않았다. 미디어는 나이 차이를 부각하고 조명하며 중요한 본질은 감췄다. 미디어는 에마뉘엘이 아이를 갖지 않기로 한 선택에 대해서는 일절 언급하지 않았다. 이 커플의 특이점은 24년이라는 나이 차이가 아니라 브리지트가 에마뉘엘의 이상형이라는 사실이다. 브리지트는 그의 첫사랑이자, 유일무이한 여성이다. 아내이자 어머니이자 할머니인 그녀는 휴대폰을 받으면서도 손주의 요구 사항과 언론인의 질문에 재주 부리듯 잘 응대했다. "잠깐만 기다리렴, 할머니가 금방 끝내고 갈게."

평범한 커플? 맞는 말이기도 하고 틀린 말이기도 하다. 에마뉘엘이 2007년에 브리지트와 결혼하면서 부르주아적 삶의 방식을 받아들인 것은 사실이다. 업무에서 정연한 시간표가 고정되고, 주말에는 트로뉴 집안의 자택이 있는 투케에서 가족과 시간을 보낸다. 북부 지방의 부유층이 사는 바닷가 작은 마을에 위치한 자택에서 과시 없이 조용하게 지낸다.

에마뉘엘은 이미 형성된 가족을 그대로 받아들였다. 초기에는 서로 힘들어했다. 그러나 에마뉘엘이 사람을 길들이고, 자기편으로 만들 줄 알기에 가족이 조금씩 달라졌다. 에마뉘엘이 자녀를 가졌다면 동년배였을 브리지트의 손주 일곱 명은 그를 '대디daddy'라고 부른다.

아토스Atos의 최고경영자 티에리 브르통Thierry Breton은 자신이 할아버지가 됐다고 에마뉘엘에게 자랑한 것이 얼마나 바보 같은 일이었는지 깨닫고 웃었다. "그에게 할아버지가 됐다고 말하고야 그가 벌써부터 할아버지였음을 깨달았어요." 에마뉘엘과 시간의 특별한 관계에 대해 티에리 브르통은 말했다. "에마뉘엘은 선처럼 이어지는 시간 속에서 영속할 수 있을 거예요. 그가 하는 모든 것을 미래에 맞추거든요."

마크롱 부부와 오래전부터 가까이 지낸 이들은 모두 마크롱 부부가 서로 없이는 못 사는 사이라는 데 의견을 같이한다. 부부는 애정 어린 제스처와 공감하는 눈빛을 끊임없이 교환한다. 두 사람은 의심할 여지없이 서로를 이해하며, 필요로 한다. 그들은 인생을 특별하게 바라보는 독특한 뭔가로 결합되었다.

그는 그녀를 필요로 한다. 그에게 그녀는 '부동점'이기 때문이다. 베르나데트 시라크는 자크 시라크의 부인으로서 자신의 역할에 대해 부동점이라고 이야기한 적이 있다. 브리지트는 그에게 기쁨과 즐거움을 선사하며, 그가 사회라는 정글을 누빌 수 있도록 가공할 효력을 주는 부동점이다. 그녀는 그가 만났을 때 관심 있을 만한 사람을 알아보는 것을 돕고, 집회가 끝나면 그와 함께 보고를 받는다.

세르주 바인베르그Serge Weinberg[47]는 "브리지트는 그에게 안정감을 줍니다. 그녀는 매우 명랑하고 쾌활한 낙관주의자죠"라고 분석했다. 이 부부와 저녁을 함께 한 다비드 드 로스차일드David de Rothschild[48]는 "브리지트는 그의 인생에서 매우 중요한 존재입니다. 일종의 심리적인 기준인 셈이에요"라고 말했다.

에마뉘엘에게 브리지트는 가정이라는 영구적인 보험

---

47 투자회사 바인베르그 캐피탈 파트너스Weinberg Capital Partners의 창립자이자 회장.

48 로스차일드 그룹의 실질적인 지배회사인 파리-오를레앙Paris-Orléans 부회장이자 영국 로스차일드 인터내셔널 뱅킹 리미티드Rothschild International Banking Limited 회장.

이다. 그는 외할머니에게 받은 격려와 찬사, 엄격함을 그녀에게서 발견했다. 브리지트는 그의 주요 대화 상대이자 그를 해방하는 존재이며, 처음부터 함께한 동반자다. 에마뉘엘이 학업이나 직업, 사랑에서 성공할 때마다 그의 곁에 브리지트가 있었다.

에마뉘엘이 브리지트를 위해서 파리정치대학을 졸업한 뒤 국립행정학교를 택했다고 말하는 사람도 있다. 에마뉘엘이 문학적 재능이 있었기에 이런 선택에 놀란 친구의 질문에 대해 에마뉘엘이 최근 대답했다. "사랑 때문이야. 나는 고등학생 때 선생님과 사랑에 빠졌어. 나는 그녀한테 미쳤거든. 나는 그녀를 원했고, 가졌어. 그녀는 나의 아내고 나는 그녀를 사랑해."

에마뉘엘은 자기 부부가 평범하다고 생각했기에 친구들에게 설명할 필요성조차 느끼지 못한 듯싶다. 스트라스부르Strasbourg에서 국립행정학교에 다닐 때 에마뉘엘은 하루하루가 길었다. 국립행정학교의 친구 마티아스 비세라는 말했다. "(그 시절에) 그는 한 번도 여자 뒤를 따라다닌 적이 없어요. 그는 자녀가 있는 애인이 있었거든요. 처음에는 매우 이상했지만 그는 자신의 커플이 자연스럽게 느껴지도록 만드는 데 성공했죠. 우리는 거북하거나 무례하게 느낀 적이 없어요. 그것은 당연한 일이었어요." 마티아스는 에마뉘엘과 그랑제콜 입학 동기로, 마크롱 부부의 결혼식에도 참석했다.

장피에르 주에Jean-Pierre Jouyet[49]의 회상에 따르면, 에마뉘엘은 재무감독국에 재직할 당시 자녀와 손주가 있는 여성과 결혼하는 사실을 알리면서도 마치 모두 그런 것처럼 자연스럽게 말했다고 한다. 어쨌든 에마뉘엘에게 사생활 관련한 질문을 던지는 이는 드물다. 그는 진심과 성의를 다해 사생활을 보호했기 때문이다.

브리지트는 감탄할 만한 여성이다. 그녀를 지방의 교사에서 대통령인 남편에게 태클을 거는 슈퍼 비서로 직종 전환한 여성이라고 폄하하는 이도 있지만. 그녀는 고전적인 태도를 갖췄고, 예수회 학교의 교사였다. 그리고 약간의 신선함, 아니 순진함과 젊음의 발랄함으로 스타와 유명인의 회오리바람을 음미하듯 자신이 이룬 인생에 도취된 듯 보인다.

에마뉘엘을 만나기 전에 브리지트에겐 다른 인생이 있었다. 그녀는 과거 이야기를 별로 좋아하지 않는다.

---

49 재무부 장관을 역임한 프랑스 정치인. 마크롱의 정치 경력에 가장 영향을 많이 준 인물이다.

"이미 끝난 이야기예요. 그것은 별개의 인생이죠." 전남편을 존중하고, 가족을 불쾌하게 만들고 싶지 않기 때문이다. 그녀는 이별이 낳은 피할 수 없는 상처와 고통을 언급하지 않으려고 신중한 태도를 보였다. 이런 상처는 드러날수록 보수적인 사람들에게 훨씬 더 수치스러울 수 있다.

브리지트는 에마뉘엘의 부모님과 같은 해인 1974년, 프랑스수출입은행BFCE 지점장 앙드레 오지에르André Auzière와 결혼했다. 앙드레 오지에르는 1984~1991년 스트라스부르에서, 그 후에는 아미앵 지점장으로 일했다. 브리지트는 파리와 스트라스부르, 아미앵에 산 세 자녀의 어머니이며, 문학 석사 학위를 취득했다. 1982~1984년에는 지역 의회와 노르파드칼레 상공회의소에서 언론 담당관으로 일했다.

흥미로운 직업이지만 브리지트에게 잘 맞지 않았다. 그녀는 우연히 교사가 되었다. 그녀가 딸 티펜Tiphaine을 낳은 뒤 일하고 싶던 차에, 한 아주머니에게 스트라스부르 교구에는 교사가 부족할 거라는 이야기를 들었다. 브리지트는 기회를 잡으려고 시도했다. 그녀는 이 시도가 성공하지 못했다면 창업했을 거라고 이야기한다. 자기 위에 누가 있는 것을 좋아하지 않기 때문이다.

브리지트는 스트라스부르 교구에 있는 고등학교에서 교편을 잡았기에 사장이 될 필요가 없었다. 교사로서 행복했던 그녀는 이 길을 결코 떠날 생각이 없었다. "진정한 열정을 느끼며 눈부시도록 행복했어요." 그녀는 《VSD》 인터뷰에서 밝혔다. "나는 진심으로 교사가 되기 위해 태어난 것 같았어요. 교실에서 무척 행복했거든요. 학생들이 나를 잘 따랐어요. 교사의 월급이 조금 더 좋았으면 세상에서 가장 아름다운 직업이라고 말할 수도 있을 거예요."

　1991년에 전남편이 아미앵으로 발령 나자, 브리지트도 자연스레 같이 이사했다. 문학 석사 학위가 있는 그녀는 프랑스어와 라틴어 교사로 라프로비당스 중·고등학교에 재직했다. 그녀는 이 학교에서 에마뉘엘을 만났다. 그 후에는 파리 16구에 있는 예수회 학교 생루이드곤자그에서 교편을 잡았다. 명문 엘리트 학교 생루이드곤자그는 미래의 정치인과 기업가를 많이 배출했으며, 정치인 브뤼노 르 메르Bruno Le Maire의 어머니가 오랫동안 교장으로 재직했다.

　브리지트는 BAM(브리지트 오지에르 마크롱)이라는 별명으로 불렸다. 그녀가 학교에서 가르친 개성 있는 아이들은 나중에 에마뉘엘의 친구가 되었다. 에마뉘엘이 프랑수아 쉬로François Sureau, 장피에르 주에와 토론할 때 부른 에릭 오르세나Erik Orsenna, 파브리스 루치니Fabrice Luchini도 그녀의 제자다.

브리지트의 수업을 들은 제자들은 BAM이 최고의 선생님이라고 입을 모은다. 학생들은 수업이 끝나는 종이 울려도 자리를 뜨지 않았다. 그녀는 작은 그룹별로 학생들을 공부시켰고, 학생이 어려운 시기를 겪거나 스트레스를 받는 듯 보이면 같이 걱정해주었다.

브리지트는 6남매 중 막내로 태어났으며, 금발에 고전적인 외모로, 보이는 것보다 복합적인 인물이다. 과시하는 듯 화려한 미소 뒤에, 디오르 패션쇼나 권력의 맨 앞줄에 앉는 데 도취된 것처럼 보이는 겉모습 뒤에, 델핀 아르노Delphine Arnault와 자비에 니엘Xavier Niel을 알고 나서 머리부터 발끝까지 루이 비통으로 입거나 때로는 화려한 상표명을 과시하듯 입은 겉모습 뒤에, 그녀는 상처 받은 마음을 숨긴다. 그녀는 넘치는 활력 뒤에 예민한 본바탕을 숨긴다.

에마뉘엘은 《Révolution》에 연약한 그녀의 본바탕을 발견해야 그녀에게 다가갈 수 있다고 썼다. 브리지트는 좋아하는 작가로 모파상을 꼽는다. 그녀는 작가 필립 베송Philippe Besson에게 고백했다. "모파상을 좋아하는 많은 사람이 어린아이를 잃은 경험이 있을 거예요. …모파상은 사방에서 죽음을 목격했고, 나도 그랬어요."

단호하고 열정적인 브리지트는 여성과 아동에 대한 신념을 언급할 때면 〈동 쥐앙Dom Juan〉[50]을 인용하며 흥분된 어조로 말했다. "참을 수 없어요. 나는 여성과 아이들에게 가해지는 어떤 나쁜 짓도 본능적으로 용납할 수 없어요." 이런 이야기를 들으면 그녀가 교사로서 수업 이외에도 귀 기울여 들어주던 청소년의 운명에 함께 고민했을 거란 느낌이 든다. 브리지트는 히잡 착용을 여성에 대한 남성의 억압이라고 생각한다. 그녀는 남편과 달리 대학 내에서 히잡 착용에 반대했다. "에마뉘엘은 합의를 중시하지만, 나는 여성과 아이에 대한 학대를 참을 수 없어요. 용납할 수 없어요."

브리지트는 부르주아적인 원칙과 구속적인 관습에 매우 답답해하며 몸을 내던질 수 있는 여성이다. 마티아스 비셰라는 "브리지트는 발자크적인 면이 있다. 그녀는 모든 것을 일종의 익살극이나 위대한 희극으로 생각한다"고 말했다.

---

50 몰리에르가 쓴 산문 희곡.

브리지트는 독실한 가톨릭 집안 출신으로, 15년 동안 사크레쾨르(성심회) 학교에 다니며 엄격하게 종교적인 교육을 받았다. 숨 막히는 학교였다. "어릴 때 나는 매주 두 번 고해 증명서를 발급받았고, 미사로 일과를 시작했어요." 반항적이고 대담한 그녀는 학교에서 요주의 인물로 찍혔다. 가수인 고모가 "브리지트, 너는 참 건방지구나"라고 말할 정도였다고 한다.

브리지트는 "나는 절대 복종하지 않았어요"라고 말했다. 그녀는 당시 함께 산, 자신의 모든 것을 아는 외할머니를 회상하며 웃었다. 젊은 브리지트 트로뉴는 예쁘고 섹시했다. 카롤린 피고지Caroline Pigozzi는 《파리 마치》에 "그녀는 파티에서 몸에 딱 맞는 미니스커트를 입고 위스키-콜라 칵테일을 마시며, 록 음악에 맞춰 춤추는 것을 좋아했다. 파티장에서 시시덕거리며 사람들과 어울렸다"고 밝혔다.

브리지트는 1974년, 스무 살 어린 나이에 결혼했다. 그녀는 '강력한 모성 욕구'로 일찍 결혼했다고 《VSD》 인터뷰에서 필립 베송에게 고백했다. 그녀는 세 자녀를 낳았다. 세바스티앙Sébastien은 현재 엔지니어이며, 로랑스는 심장 전문의고, 변호사 티펜은 새아버지의 앙 마르슈 정당에 함께 참여한다.

브리지트가 에마뉘엘에게 끼치는 영향력이란 정확히 무엇일까? 그녀가 정말로 그를 떠밀어서 정계에 진출시키고 대통령으로 만들어, 자신의 야망을 대리 만족하려 한 것일까? 실상은 오히려 반대다.

브리지트는 인터뷰하는 동안 정치판의 폭력성에 대한 두려움을 여러 번 언급했다. 그녀는 우파 후보인 프랑수아 피용과 배우자 페넬로페 피용에게 가해진 미디어의 집단적 폭력성에 충격을 받았고, 이 잔혹한 생태계에 놀랐다고 했다. "페넬로페에게 파멸이 닥친 셈이에요. 나는 그녀를 모르지만, 전적으로 동정심을 느껴요. 일요일 집회에서 그녀를 본 적이 있는데 말을 걸 수 없었어요. 속으로 '그녀는 괜찮을까?' 하고 생각했어요. 나라면 염세주의자처럼 세상에서 사라지려 했을 거예요. 대중이 가하는 사회적 제재는 정말 가차 없고 가혹하죠."

브리지트가 에마뉘엘을 부추겼다기보다 그녀가 에마뉘엘의 정치적 야망을 따르고 함께하기로 결심한 듯 보인다. 부부의 친구인 로스차일드 은행의 공동경영자 그레구아르 셰르토Grégoire Chertok는 당시의 대화를 기억한다. "브리지트는 그가 정계에 진출하기를 원하지 않았어요. 그가 은행을 떠날 때 그들과 함께 나눈 대화를 기억합니다." 에마뉘엘도 그렇게 말했다. "브리지트는 내가 정계에 진출하기를 바라지 않았어요. 그녀는 나를 사랑하기 때문에 함께하는 것뿐이에요. 그녀는 내가 글을 쓰거나, 은행계에서 계속 일하기를 바랐죠."

그녀는 정치판이 얼마나 큰 위험을 감추는지 알았을 것이다. 권력, 강경파, 과도한 아드레날린의 분비, 노출, 언론과 언론인의 들러붙기… 그녀는 남편을 잃을까 걱정했을 것이다. 어느 날 그녀는 말하는 도중에 정계는 다비드 드 로스차일드 같은 신사가 즐비한 재계 같지 않다며 속상해했다. 정치인 필립 드 빌리에Philippe de Villiers를 만난 일을 언급하며 개탄하기도 했다. 퓌뒤푸 지역의 전직 의원인 그는 가족이 살해당했는데 참아야 했다. 미친 짓이다. 그녀는 정계의 폭력성에 공포를 느꼈다.

에마뉘엘의 정계 진출은 실질적으로 부름을 받거나 독려 받은 게 아니라, 베르나데트 시라크가 이도 저도 아니었다고 말한 것처럼 오히려 자유로이 합의된 것이다. 운명론자인 그녀는 "에마뉘엘이 장관이 되었을 때 나는 '이제 시작이구나' 생각했어요. 에마뉘엘이 마크롱 법안을 지켜냈을 때는 '이제 걸려들었구나' 생각했죠"라고 요약했다.

브리지트의 역할은 정확히 정해진 것은 없으나 무궁

무진하다. 진행자인 동시에 코치이며, 가정교사이자 에마뉘엘을 다독이는 어깨이고, 안정감을 주는 눈빛을 보내는 사람이다. 에마뉘엘에게 메시지를 남기고 싶거나 그를 만나고 싶은 사람들은 대부분 그녀를 거쳐야 한다. 가족도 마찬가지다. 에마뉘엘의 어머니는 브리지트와 자주 점심을 함께 한다. 다른 업계의 종사자, 특히 공연계나 연예계도 마찬가지다.

브리지트는 남편 일에 열심히 관여하지 않으면 그를 보기 힘들 거라는 사실을 재빨리 깨달았다. 에마뉘엘이 경제산업부 장관으로 재직하던 시절, 그녀는 주간 모임에 참석하기 시작했다. 두 사람이 해변에서 보내는 자유 시간을 사수하기 위해서였다. 2015년 6월에 학교도 그만두었다. 장관 부인의 삶과 교사라는 직업이 양립하기 힘들다는 것을 알았기 때문이다.

결정하기 매우 어려운 결심이었다. 남편이 대선 출마를 선택했을 때, 그녀는 사직하기로 결심했을 것이다. 이후 브리지트는 자주 그의 곁을 지킨다. 그를 보살피고, 집회를 앞두고 연습할 때는 조언을 했다. 그녀는 파리 포르트 드 베르사유에서 대규모 집회 때 그에게 '너무 길다'는 신호를 보냈다. 피에르 위렐의 카메라가 촬영하는 가운데 그녀는 연설을 여러 부분 수정하도록 했다.

그들이 처음 만났을 때 두 사람을 가깝게 만들어준 문학과 에두아르도 드 필리포Eduardo De Filippo의 《L'Art de la comedie희극의 기술》을 함께 공부하던 그 시절이나 지금이나 같은 위치에 있다. 그때나 지금이나 사랑에 빠진 채로, 그는 무대 위에 있고 그녀는 무대 뒤에서 그를 이끌고 격려한다. 지금은 권력이라는 이름의 또 다른 희극, 남편이 동성애자라는 루머 같은 폭력적인 이면이 있는 권력이라는 희극을 함께 쓴다.

그녀는 어느 날 파리에서 저녁 식사할 때 겪은 일화를 예로 에마뉘엘에게 루머에 대해 웃으며 이야기했다. "어느 날 길에서 한 할아버지를 만났어요. 그는 내게 '마크롱이 이성애자가 아니라는 걸 사람들은 잘 안다'고 말했어요. 할아버지에게 동성애자라고 말하고 싶은 게 아니었는지 되묻자, 할아버지는 '나는 이성애자를 알아볼 수 있다'고 말했죠."

에마뉘엘의 곁에는 항상 눈부신 브리지트가 있다. 지나치다는 이들도 있다. 주간지 《르 카나르 앙셰네Le Canard enchaîné》 2016년 1월 25일자 독자란에 그녀는 잘 어울리지만 좀 더 신중했으면 좋겠다는 글이 올라왔다. "사람들은 내게 알맞은 자리를 찾지 못하고 있어요. 내가 사방에 존재한다거나, 중요한 결정에 참여한다고 말하거나, 내가 존재하지 않는다고 확신하는 사람도 있어요. 요컨대 내가 부당하게 끼어들었거나 배제되었다고 말하죠"라고 재밌다는 듯 말했다.

2017년 1월 말, 그녀는 자신이 가진 특전을 다음과 같이 요약했다. "나는 그의 개인 스케줄을 알아요. 때때로 사람들을 만나죠. 그는 내게 만나야 할 사람의 리스트를 줘요. 해외 출장이나 경제적인 문제에는 참여하지 않지만, 내가 다룰 줄 아는 주제에는 함께해요. 교육, 문화, 여성, 보건과 같이 내가 경쟁력이 있는 모든 주제의 프로그램에는 함께해요." 그녀는 계속했다. "나는 모든 집회에 참석하지만, 회의가 있으면 듣기만 하고 참여하지 않아요. 나는 디브리핑의 여왕이에요. 단둘이 하는 게 있다면 디브리핑이에요. 아무것도 아닌 것이 아니고, 모든 것도 아니죠. 우리는 늘 그렇게 일했어요."

스테판 번Stéphane Bern[51]에 따르면 그녀는 남편을 사로잡고, 대담하고 여장부 같은 면이 있다. "브리지트는 에마뉘엘의 열의가 지나쳐서 압력솥처럼 터져버리기 전에

---

51 프랑스 저널리스트이자 TV와 라디오 프로그램 진행자.

그를 가라앉히기 위해 곁에 있다고 봐요. 그녀는 에마뉘엘이 현실로 돌아오게 만들어주죠."

　브리지트를 '순진함과 교활함이 섞였다'고 평하는 또다른 측근에 따르면, 그녀가 그에게 말했다고 한다. "에마뉘엘을 가라앉히는 걸 도와주세요. 잔 다르크와 같이 사는 게 쉽지 않아요." 그런가 하면 다른 사람에게 "에마뉘엘은 자신이 예수라고 생각해요"라고 고백했다고 한다.

　에마뉘엘은 브리지트의 영향을 얼마나 받을까? 그는 그녀의 이야기를 듣는다. 그녀의 충고나 의견을 무조건적으로 따르는 게 아니라 측근과 함께 판단한다. 그녀는 "아이디어가 있으면 에마뉘엘에게 말하지만, 그가 항상 듣지는 않는다"고 말한다. 일부 사회적인 주제에서 우파 성향을 보이는 브리지트는 그와 다른 점을 강조한다. "특히 여성 문제에서 나는 그보다 훨씬 강경하며, 어떤 관용도 허락지 않아요. 그는 이해하려고 노력할 뿐이죠." 에마뉘엘은 그녀와 달리 대학에서 히잡 착용을 금지하는 것은 바람직하지 않다고 생각한다. 그는 젊은 여성은 성년이 된 순간부터 스스로, 자유롭게 결정해야 한다고 생각한다.

　대선 과정에서 브리지트는 여러 활동으로 최선을 다

해 에마뉘엘을 도왔다. 퍼스트레이디로서 어떤 역할을 하고 싶은지 묻자, 그녀는 퍼스트레이디에 모든 것을 걸지 않겠다고, 환상 속에 살지 않겠다고 확실하게 말했다. "정치가 아닌 다른 인생이었다면 좋았을 뻔했다"고 말하지만, 그녀는 어떤 상황에도 그의 곁에서 활동하고 평범하게 살아갈 것이다. 그녀가 한 말처럼. "기꺼이 나의 의무를 다할 거예요. 우리는 도울 수 있고 그래야 해요. 그게 정상이죠."

브리지트는 한편으로 퍼스트레이디에 대한 자료를 수집한다는 걸 인정했다. 그녀는 발레리 트리에르바일레르와 안애모니 지스카르 데스탱Anne-Aymone Giscard d'Estaing을 만날 기회가 있었다. 두 사람은 프로필이 정반대다.

브리지트는 발레리 트리에르바일레르가 매우 열정적인 여성이지만, 루머를 퍼뜨리고 즐기는 보수적인 사람들의 코미디 같은 행태에 염증을 냈다고 말했다. "나는 그녀가 진심으로 가여웠어요. 그녀는 많은 고초를 겪었죠. 사람들은 그녀가 겪은 일을 4분의 1의 4분의 1도 몰라요. 참으로 파괴적이에요. 나는 함부로 판단하는 사람들이 싫어요. 다행히 그녀는 기개 있는 여성이라 살아날 수 있었을 거예요." 부당하게도 허울뿐인 퍼스트레이디로 왜곡된 지스카르 데스탱 부인에 대해서는 "그녀는 매우 총명하지만, 자신의 총명함을 감추려고 한 점이 안타깝다"고 말했다.

브리지트는 '프랑스인은 대통령 선거에서 부부를 뽑는다'는 말을 의식하며 필요한 경우 기꺼이 자신을 드러냈다. 드러내기를 좋아하는 것처럼 보이기도 한다. 그녀는 에마뉘엘과 함께 외출할 때 사람들이 그들에게 말을 걸고, 사진을 요청하는 것에 처음에는 매우 놀랐다고 했다. "에마뉘엘의 가정적인 면이 사람들을 사로잡았어요." 그녀는 잠시 침묵하다가 덧붙였다. "어느 날 그가 가정을 버리는 날이 온다면, 사랑에 빠졌기 때문일 거예요. 남편은 육체적인 정사를 즐기는 남자가 아니에요. 그런 것에는 관심 없어요." 그렇게 말하는 브리지트에게 아무것도 더 묻지 않았다.

문학을 사랑한
철학자

　　어린 시절 에마뉘엘은 책에 빠진 채, 세상 밖에서 텍스트와 단어 속에 살았다. 그는 《Révolution》에서 자기 어린 시절에 대해 "내적이며 비밀스러운 문학 수업은 외적인 부분에도 영향을 미쳤고, 스쳐 지나가는 평범한 일상 속에서 문학적 깊이를 세상에 알려주었다"고 멋지게 표현했다. 고양이와 꽃이 무엇인지 가르쳐준 콜레트Sidonie Gabrielle Claudine Colette[52]의 특별한 지도를 받은 어린 시절이다. 지오노는 '프로방스 지방의 차가운 바람과 성격의 진실'에 대해 가르쳐주었고, 지드André

---

[52] 프랑스 소설가. 동물과 자연을 소재로 한 작품을 많이 썼다.

Gide[53]와 콕도Jean Cocteau[54]는 소중한 친구였다.

에마뉘엘은 어린 시절에 이상적인 외할머니와 함께 많은 시간을 보냈다. 외할머니한테 문법과 역사, 지리를 배우고, 할머니 앞에서 큰 소리로 책을 읽었다. 몰리에르, 라신, 조르주 뒤아멜, 모리아크, 지오노의 작품을 읽었다. 외할머니는 지드와 카뮈Albert Camus도 만나게 해주었다. 외증조할머니가 문맹이었기에 외할머니는 글을 배우는 것을 신분 상승의 지름길로 여겼다. 외할머니의 서재에 있던 갈리마르출판사Librairie Gallimard의 블랑쉬 컬렉션은 현재 투케의 집에 잘 보관되었다.

에마뉘엘의 부모도 독서가였다. 특히 아버지는 그에게 그리스어를 가르쳐주고, 철학을 발견하게 해주었다.

열여섯 살에 파리로 간 것은 에마뉘엘의 첫 모험이다. 앞서 많은 이들이 도전한 이 아름다운 모험을 통해 그는 플로베르와 위고의 소설 속 인물의 길을 걸을 수 있었고, 발자크의 젊은 늑대처럼 탐욕스러운 야망을 품

---

53 프랑스 소설가. 1947년 노벨 문학상을 수상했다. 대표작으로 《좁은 문 La porte étroite》이 있다.

54 문화 예술 전반에 걸쳐 많은 업적을 남긴 프랑스의 영화감독, 시인, 극작가, 화가.

을 수 있었다. 지방 출신 몽상가 소년은 파리를 방문할 때마다 거리에서 소설 속 주인공을 만날 것만 같았다. 아르센 뤼팽Arsène Lupin,[55] 몬테크리스토 백작Le Comte de Monte-Cristo,[56] 《레 미제라블》의 세상 속을 걷는 듯했다.

프랑스어와 라틴어를 가르친 브리지트는 중세 프랑스 소설가 크레티앵 드트루아Chrétien de Troyes[57]에 대해 연구한 열정적인 19세기 학자이자 플로베르의 문체에 매료된 교사였다. 에마뉘엘은 연극 덕분에 그녀와 가까워졌다. 그는 《Révolution》에 "나는 몇 달 동안, 금요일마다 그녀와 함께 몇 시간씩 연극 대본을 썼다. 우리는 대본을 완성하면 연극 무대에 올리기로 했다. 서로 모든 것을 이야기했다. 대본을 쓰는 것은 핑계가 되었고, 우리는 늘 서로 알고 지낸 사이 같았다"고 썼다.

열정적인 소년은 자신에게 작가의 소명이 있다고 생각했다. 에마뉘엘은 《르누벨옵세르바퇴르》와 인터뷰에서 제롬 가르신Jérôme Garcin에게 "브리지트가 나의 프랑

---

55 르블랑Maurice Marie Émile Leblanc이 쓴 작품 속 인물. 흔히 괴도 루팡으로 알려진, 추리소설 역사상 가장 매력적인 도둑.

56 알렉상드르 뒤마Alexandre Dumas의 장편소설 속 인물.

57 최초로 기사도 소설을 쓴 작가.

스어 선생님일 때(그녀는 연극만 가르쳤다고 했다), 그녀는 나와 교감하며 격려해주었다"고 말했다.

에마뉘엘은 고등사범학교 입시에 실패했다. 퐁트네 고등사범학교에는 합격했지만, 파리고등사범학교에는 두 번이나 떨어졌다. 에마뉘엘은 사람들이 그가 울름거리의 특별한 학교(파리고등사범학교)를 나왔다고 믿도록 애매하게 내버려두고 오랫동안 감췄다. 분명한 상처였다. 에마뉘엘은 입시에 진지하게 매진해야 하는데, 사랑에 깊이 빠진 탓이 크다고 생각했다.

사람들이 프랑스에서 파리고등사범학교를 나온 이들에게는 넘을 수 없는 지적인 경건함 이상의 무엇이 있다고 알게 모르게 생각하는 만큼 그의 상처는 컸다. 파리고등사범학교는 사회적인 인정 그 이상, 단순한 규약상의 인정을 넘어서는 지성의 표상이다. 사르트르Jean Paul Sartre, 알튀세르, 미셸 푸코, 장피에르 주에는 이 지성의 표상을 거머쥐었다.

에마뉘엘은 장피에르 주에와 함께 러시아문학, 영미문학에 대해서 이야기를 나눴다. 장피에르 주에는 자신이 총애하는 에마뉘엘이 파리고등사범학교를 나왔다고 오랫동안 믿었다. 장피에르 주에는 에마뉘엘에게 국립행정학교에 진학하기보다 폴 리쾨르 곁에서 롤랑 바르트Roland Barthes[58]와 자크 데리다Jacques Derrida[59]의 작품에 대해 연구하는 게 어떠냐고 이야기했다. 국립행정학교 동창 한 명은 에마뉘엘이 대화 중 파리고등사범학교 출신이라는 이야기가 나와도 이의를 제기하지 않은 것을 기억했다. "그는 진실임 직한 구호에서 나온 난해하고 모호한 말이 진실을 바꿀 수 있을 것처럼 오해하도록 내버려뒀어요."

에마뉘엘은 폴 리쾨르와 만났다. 그는 자신이 폴 리쾨르의 조교인 것처럼 소개했다. 리쾨르 재단의 과학 자문인 철학자 미리암 르보 달론Myriam Revault d'Allonnes은 〈르몽드〉와 인터뷰에서 에마뉘엘은 《La Memoire, l'histoire, l'oubli기억, 역사, 망각》이라는 책의 편집 조수였다고 말했다. 과장으로 상징적인 이득을 취한 것이다.

그러나 이것은 별로 중요치 않다. 낭테르에 있는 파리제10대학Université de Paris X Nanterre에서 철학 박사를 취득한 에마뉘엘은 이를 정계에서 부각되는 데 이용했다.

---

58 프랑스 비평가, 사회학자.

59 알제리 태생 프랑스 철학자.

2015년 7월, 에마뉘엘의 후원자 앙리 에르망드가 공동 창업자이자 대주주인 주간지 《르앙Le1》은 그를 정계의 철학자라고 지목했다.

에마뉘엘은 "나는 외적으로 보이는 것만큼 야망이 크지 않다"고 말했지만, 그는 라자르은행의 프랑스 지점장이자 펑크 록과 헤비메탈을 좋아하고 부르주아를 싫어한다고 말한 괴짜 마티유 피가스Matthieu Pigasse처럼 자신의 독특한 점을 강조하며 돋보이려 했다. 이는 정신이라는 부록을 소설적으로 피력하는 방법이다. 에마뉘엘은 디지털 시대의 샤토브리앙François Auguste René de Chateaubriand[60]과 현대의 기조François Pierre Guillaume Guizot[61]가 혼합된 인물로 자리 잡았다.

에마뉘엘은 그랑제콜 준비반에 있던 열일곱 살 때 소설 《Babylone, Babylone바빌론, 바빌론》을 썼다. 에스파냐인이 라틴아메리카를 정복하던 시절을 배경으로 한 대서사 모험소설이다. 이 소설은 정복욕을 연상케 한다. 당시 몇몇 출판사에 이 소설을 보냈으나 정중하게

---

60 프랑스 초기 낭만주의 작가.
61 프랑스 역사가이자 정치가.

거절당했다. 어머니 프랑수아즈는 부모의 멕시코 여행이 에마뉘엘의 소설에 많은 영향을 주었다고 말했다. "우리의 여행 이야기에 빠졌던 그는 엄청난 자료를 찾아 공부했어요."

에마뉘엘은 외할머니는 물론 아버지, 국립행정학교 진학을 함께 준비하던 친구 마크 페라시에게 소설을 보여주었다. 에마뉘엘은 마크에게 작가 이브 본느프와Yves Bonnefoy를 알려주었다. 이브 본느프와는 뒤에 있는 것이 무엇인지 바라보고자 하는 투명성과 폭로의 시인이다. 마크 페라시는 앙리 에르망드와 함께 에마뉘엘의 결혼식의 증인이었다.

마크가 국립행정학교 입시에 떨어지자, 에마뉘엘은 르네 샤르의 《Feuillets d'Hypnos》를 선물했다. (그는 이 작품을 리옹의 집회에서 인용하여 읽기도 했다.) 이 책의 첫머리에는 '결과라는 수레바퀴 자국에 오래 머물지 말라Ne t'attarde pas a l'orniere des resultats'는 레지스탕스 지침이 인용되었다.

에마뉘엘은 강박적으로 정성을 다해 《Révolution》을 집필했다. 마지막까지 단어를 저울질하고, 쉼표의 위치를 토론했다. 외할머니가 원한 구조와 가장 근접한 격자 구조로 글을 썼다. 그는 대선 후보 선언을 한 전날까지 공들여 《Révolution》을 집필했다.

브리지트에 따르면 에마뉘엘은 거의 병적으로 책을 중요시한다고 한다. 에마뉘엘은 책만 선물하고, 서점에만 간다. 브리지트의 손녀는 에마뉘엘에게 이런 말까지 한 적이 있다. "상점에는 장난감 가게도 있다는 거 아시죠?"

에마뉘엘은 제롬 가르신에게 "나는 글쓰기보다 좋은 게 없다. 글을 쓰면 잃어버린 낙원에 있는 것 같다"고 고백했다. 정치와 문학의 관계는 그가 "쓰기를 거치지 않고 현실과 초월성 사이에 관계를 성립시키기는 불가능하다"는 것을 현학적으로 확신하게 해주었다.

집회 때마다 스피노자Spinoza의 '슬픈 열정passions tristes', 발자크의 '인간희극La Comédie humaine'을 참고하고 인용한 것은 인터넷의 시대에 정치인으로서 자신의 이미지가 문학적이고 철학적이며 다른 이들과 다르다는 것을 강조하는 표지, 형광펜으로 그은 밑줄 같은 것이다.

에마뉘엘은 문학의 좌파와 우파를 대표하는 작가 에릭 오르세나와 프랑수아 쉬로를 친구라고 주장한다. 그는 《르누벨옵세르바퇴르》와 인터뷰에서 두 작가는 프랑스의 정신과 일치하며, 본인과도 일맥상통하는 작가라고 말했다. 그러나 에마뉘엘이 리옹에서 프랑스 문화에 관해 발언한 내용을 들어보면 꼭 그렇지는 않은 것 같다. 어울리지 않는 연결이다.

에릭 오르세나는 프랑스 학술원 회원이며, 세계 각국을 돌아다니는 여행가이자 기업의 자문역이다. 그는 통일사회당PSU을 출범시켰고, 아탈리Attali위원회(사르코지 대통령의 성장촉진위원회)에서 에마뉘엘을 만났다. 낙천적이며 편향적이지 않은 그는 열정적이고 유쾌하다. 프랑수아 미테랑 대통령의 자문이던 그는 현재 에마뉘엘을 지지하고 높이 평가하며 그를 진정한 문학인으로 생각한다.

에릭 오르세나는 리쾨르와 레비나스Emmanuel Levinas[62]가 각자의 가능성을 발휘하기를 원했다. 그는 모든 사람에게서 약속을 보았다. 레비나스는 얼굴이며, 리쾨르는 약속이다. 그는 큰 의미의 발전은 문화와 연결된다고 진심으로 믿었다. 문화는 자아보다 큰 존재이며, 우울증의 반대다. 사회에서 가장 중요한 것은 기술이라고

---

[62] 리투아니아 출신 프랑스 철학자. 현상학적 전통의 관점에서 후설 Edmund Husserl과 사르트르가 '의식'에, 하이데거Martin Heidegger가 '존재'에 몰두하며 현상학을 발전시켰다면, 레비나스는 '타자'라는 개념을 현상학의 중심에 끌어들였다.

생각한 프랑수아 올랑드와 정반대 견해다.

　프랑수아 쉬로는 예수회 학교(브리지트가 교편을 잡은 파리의 학교)를 나왔다. 그는 성격이 어둡고, 번뇌하는 인물이다. 그는 뛰어난 변호사이자 최고 행정재판소의 소원 심사관이다. 그는 샤를 드 푸코Charles de Foucauld[63]에 대한 책 《Je ne pense plus voyager나는 이제 여행을 생각하지 않는다》를 저술했으며, 프랑수아 피용의 친구다.

　두 작가는 약간 상징적이다. 마치 어린아이가 부모님을 감동시키기 위한 책을 펼쳐 들고 이리저리 돌아다니며 본보기와 기준을 찾는 것 같다. 에마뉘엘의 개인적인 이야기에서, 그의 가족 소설에서 영원히 우러러 존경하는 외할머니 외에는 본보기와 기준이 없는 것처럼 말이다.

　젊은 에마뉘엘 마크롱은 모험소설을 한 편 썼으며, 이 소설을 다르게 편집해보기도 하고 항상 글을 썼다. 그는 마르트 로베르Marthe Robert가 프로이트의 텍스트부터 소설을 정신분석학적으로 읽기 시도하는 《Roman des

---

[63] 프랑스 가톨릭 사제. 1916년 알제리 사막에서 순교했다.

origines et origines du roman기원의 소설과 소설의 기원》에서 분류한《돈키호테Don Quixote》같은 악당 소설 혹은 공상과학소설의 기원에 해당하는 유형이다.

한 측근은 이상적인 세상에 대한 비전을 간직한 에마뉘엘에게서 보바리슴bovarysme[64]이 엿보이기도 한다고 말했다. 그는 보바리 부인의 끝없는 불만족에 영향을 받은 듯 보인다. 그리고 문학은 쓰러졌다가 끊임없이 다시 일어서는 주인공, 자신이 원하는 삶을 꿈꾸는 주인공의 본보기를 제시해주었다.

---

[64] 신경질적인 젊은이들에게서 발견되는, 감정적·사회적인 면에서 불만족스러운 상태.

타인을
사로잡는 매력

　　"제가 대통령이 되고자 하는 이유는 여러분을 이해하기 때문입니다. 그리고 여러분을 사랑하기 때문입니다." 2017년 1월 18일 툴롱Toulon에서 열린, 앙 마르슈 당 대표를 위한 마지막 행사에서 반쯤 빈 집회 장소를 바라보며 던진 이 말은 에마뉘엘 마크롱이라는 사람의 순수성을 잘 보여준다. 끝을 모르던 상승세에 갑자기 제동이 걸린 듯했다. 몇 주 동안 급상승하다가 현실의 원칙으로 돌아온 것 같았다.

　　2017년 2월 14일, 알제리 방송국 에코룩Echorouk의 뉴스 인터뷰에서 그는 식민지화를 '진정으로 미개한 반인륜 범죄'라고 규정했다. 《르누벨옵세르바퇴르》와 인터뷰에서는 동성 간의 결혼을 반대하는 사람들이 모욕을 받은 점에 대해 유감을 표현했다. 먼저 발언은 우파를,

나중 발언은 좌파 화나게 했다.

극단적으로 보면 무슨 상관이고, 이런 말을 못 할 이유가 있을까 싶다. 그러나 파리 외곽에 거주하는 유권자와 마그레브(아프리카 서북부) 출신 프랑스인을 겨냥한 것으로 보이는 식민지화에 대한 발언은 시의적절하지 않고 정말 터무니없는 말이다. 식민지화로 범죄가 발생했고 이를 사죄하거나 해소하려 하지 않았을지라도, 프랑스의 식민지화를 계획적이며 조직적인 학살인 반인륜 범죄에 비교한다는 것은 받아들일 수 없고 정당하지도 않기 때문이다.

몇 달 전, 그가 잡지《르푸앙Le Point》인터뷰에서 한 발언과 전적으로 모순되기도 한다. 에마뉘엘은 당시 식민지화에 "문명을 발전시킨 요소가 있었다"고 말했다. 이런 발언을 나무란 한 측근에 따르면, 그는 밤에 잠을 이루지 못했고 '환심을 사는' 내용으로 연설하라는 의견에도 반대했다고 한다. 그는 "각자의 기억에서 고통스러운 부분을 인정하는 것은 기억에서 어느 것을 제거하는 것이 아니다"라고 말한 적이 있다.

에마뉘엘이 "전진하기 위해서는 때로 화해해야 한다"고 아무리 말해도 소용없었다. 그는 장관 시절 수없이 대립에 대처했다며 다음과 같이 말했다. "내가 상공회의소에 갔을 때, 회원들은 일어나서 10분 동안 내게 등을 돌렸다. 내가 그들의 생계를 끊었기 때문이다. 나에게 반대하는 공중인이 있었다. 내가 프랑스전력공사 EDF 개혁을 외쳤을 때, 발전소에서 나를 기다리던 남자들은 내게 '너를 처형할 것이다. 마크롱은 사퇴하라!'고 말했다."

그의 말을 들으면 자크 시라크가 생각난다. 1995년 대선에서 에두아르 발라뒤르Édouard Balladur 후보를 앞서기 위해 모든 준비를 끝낸 그는 "나의 우민 정치로 모두 놀랄 것이다"라고 해서 지인들을 놀라게 만들었다.

민심을 가라앉히기 위해서는 배짱 좋고 뻔뻔하게 5공화국의 창시자 샤를 드골 장군이 한 말을 따라 할 필요가 있다고 말하는 사람도 있다. "나는 당신을 이해합니다." 1958년 6월 4일, 알제리 포럼에서 샤를 드골 장군이 던진 이 유명한 말은 사실상 모호함의 극치다. 당시 사람들은 저마다 자신의 열망을 투영해서 이 말을 받아들였다. 마크 앙드벨드가 쓴 것처럼 '모호한 마크롱 씨'에게 적절한 말이 아닐까?

일련의 사건에서 자신을 지지하지 않고, 자기 발언에 찬성하지 않는 대중을 마주한 에마뉘엘이 동요하는 모습을 보인 점은 흥미롭다. 며칠 전 리옹에서 열린 대규모 집회에서는 그를 환호하는 열기가 식었다. 이런 무관심이 그에게는 불쾌하고, 받아들일 수 없는 것처럼 보였다. 1월 18일 툴롱의 텅 빈 집회장에서(국민전선FN 지지자들이 집회에 등록하러 오는 사람들을 막았기 때문이다) 앙 마르슈의 대선 후보는 당당함을 잃었다. 그는 인상을 썼고, 말투가 평소와 달랐으며, 여느 때처럼 눈이 불타오르지도 않았다. 갑자기 마법의 지팡이가 부러진 듯 보였다.

흥미로운 사실은 에마뉘엘이 자주 수화기를 들던 사르코지보다 좀 더 남자답고 도전적으로 툴롱에서 자신의 발언으로 모욕 받고 상처 받은 알제리 출신 사람들과 토론하러 갔다는 점이다. 에마뉘엘이 라디오 인터뷰에서 밝혔듯이 존경하는 철학자 폴 리쾨르의 가르침 중 하나를 구체적으로 적용하기 위한 방법이자, 그의 편집증이다. 리쾨르는 에마뉘엘에게 정치적인 관행 속에서 '타인의 해석이 자기 의견과 맞지 않을지라도 반드시 그의 얼굴을 바라볼 필요가 있다'고 가르쳤다.

에마뉘엘은 리쾨르의 가르침에 따라 홀로코스트의 유일성과 특이성을 인정하고, 그의 사상을 해체하며 부인하는 사람들과 대화하러 나섰다. 적과 싸우기 위해서는 정면으로 부딪칠 필요가 있다고 이해한 마크롱은 대화를 시도한 것을 자랑스러워했다.

앙 마르슈 대통령 후보의 자연스런 도약에는 여러 일화가 있다. 제라르 콜롱Gérard Collomb 내무부 장관은 에마뉘엘이 경제산업부 장관 시절에 노동조합 사무소를 방문했다가 붙잡힌 일을 재미있게 기억한다. 당시 분노한 조합원이 마크롱에게 요거트를 던졌으나 빗나갔다. 몇 달 뒤 마크롱 장관은 8구에 있는 야간실습센터를 방문하기 위해 다시 리옹을 찾았다. 거기서 그는 전에 만난 조합원을 알아보고 행렬에서 벗어났다. 제라르 콜롱은 말했다. "우리는 일정에 늦었지만 아무것도 할 수 없었다. 마크롱은 그 조합원과 이야기하고 싶어 했다. 그는 조합원과 10분 정도 이야기를 나눴다."

에마뉘엘은 장자크 브리데이Jean-Jacques Bridey 의원의 초대로 참석한 프렌 집회에서 일요일 상점 오픈에 관한 마크롱 법안을 맹렬히 공격하는 다른 조합원에게도 같은 방식으로 행동했다. 니콜라 프리세트Nicolas Prissette 는 《Emmanuel Macron, en marche vers l'Élysée엘리제를 향한 에마뉘엘 마크롱의 발걸음》이란 책에서 다음과 같은 이야기를 들려준다.

법안 반대자는 "지금 제안하는 것은 야간 근로, 일요일 근로를 재검토하자는 것이다. 유권자는 이에 대한 답으로 기권하거나 최악의 경우 국민전선에 투표할 것이다"라고 외쳤다. 마크롱은 발언권을 잡고, 반대자들에게 프랑스인 가운데 30퍼센트는 일요일에도 일하지만 아무런 수당도 받지 못한다고 반말로 설명했다. 이에 청중은 떠나갈 듯이 박수를 보냈다.

마크롱이 상대를 설득하고 싶은 욕망과 불쾌하게 만들까 봐 걱정하는 모습은 밀접한 관계가 있다. 그는 상대방의 동의나 찬동 외에 다른 생각을 수용할 수 없는 것처럼 보인다. 어린 시절부터 부모와 조부모, 선생님, 친구들 그리고 그가 파리에서 성공하는 데 도움을 준 모든 사람이 항상 그에게 보여준 찬양하는 눈빛을 다시 볼 수 없다는 데 적응하지 못하는 듯 보인다.

국립행정학교의 한 동료는 "에마뉘엘은 대립하는 걸 아주 싫어한다. 그는 모든 사람이 자기를 좋아하기 바란다. 이것은 일종의 공포증이며, 이런 이유로 그는 많은 시간을 들여서 공약을 발표했을 것이다"라고 웃으며 말했다. 자크 아탈리Jacques Attali[65]는 "에마뉘엘은 좋은 소

---

65 현존하는 프랑스 최고의 수재이자 대표적 지성인. 유럽부흥개발은행 EBRD 초대 총재를 역임했다.

식을 전하고 싶어 하는 행복한 사람이다"라고 말했다.

이런 결점은 어제오늘 일이 아니다. 에마뉘엘은 어릴 때부터 자기를 좋아하지 않는 사람을 설득하고, 기쁘게 하고, 태도를 바꾸게 만들고 싶어 했다. 아미앵 예술학교 콩쿠르에서 자신을 떨어뜨린 피아노 교수에게 이듬해 재시험을 치르겠다고 고집부려 통과한 일화가 그 예다.

그는 항상 타인의 마음에 들고 찬양 받고 싶어 했다. 또 가까이 지내는 이들, 특히 연장자나 자기가 갖지 못한 권력을 가진 사람들의 동의를 받고 싶어 했다. 지식과 지성, 경제학과 정치에서 모두 인정받기를 원했다. 그는 인정받고 사랑받고 찬양 받기 위해, 소량의 아드레날린을 얻기 위해 모든 것을 성취하고 갖기를 원했다. 그는 은행계에서도 "정복과 사냥의 순간이 있었다. 그러나 정치와는 달랐다"고 인정했다.

에마뉘엘 마크롱은 중성의 동 쥐앙 같다. 좀 더 정확히 말하면 무성이고, 여성을 정복하는 데 관심이 없지만 불멸의 나르시시즘적인 유혹과 정복의 욕구가 있는 동 쥐앙이다. 유혹과 설득에 병적으로 집착하고, 끊임없이 새로 시작한다. 동 쥐앙은 "태어날 때부터 말로 설명할 수 없는 매력이 있었다. 그리고 모든 사랑의 기쁨은 변화 속에 있다"고 표현했다.

에마뉘엘 마크롱이 하는 모든 행동은 결국 사랑하는 외할머니 마네트가 보내준 따뜻한 눈빛을 여전히 추구하기 때문이 아닐까 싶다. 외할머니의 따뜻한 눈빛은 그의 의견에 동조하고, 그를 해방하는 눈빛이었다.

그는 학창 시절부터 자기보다 나이가 훨씬 많은 사람에게서, 연장자와 지식인, 권력자, 자기가 인정하는 사람들에게서 따뜻한 눈빛을 갈구했다. 그 사람들도 에마뉘엘의 지성과 문화, 정신, 성숙함을 높이 평가했다. 그는 또래와 피할 수 없는 경쟁 관계에 빠지지 않았고, 동년배에게는 흥미가 없었으며, 사실상 다른 세계에 사는 듯 보였다.

어린 마크롱에게 매료된 연장자의 명단은 매우 길고, 일찍부터 작성되었다. 무엇보다 그에게 푹 빠진 선생님의 명단이 매우 길었다. 학창 시절 모든 것을 아는 듯 보이는 이 특별한 학생은 라프로비당스 선생님들을 매혹했다. 그는 선생님들과 대등하게 이야기를 나누고, 수업 후에는 같이 토론했다. 에마뉘엘은 재능이 뛰어났고, 높이 평가받았다.

그의 고교 시절 문학 교사 레오나르 테르노이Leonard Ternoy는 2017년 잡지 《배너티 페어》 인터뷰에서, 자기 딸이 에마뉘엘을 찬양하며 몸살을 앓았다고 밝혔다. 그는 언론인 클로드 아스코비치Claude Askolovitch에게 "딸은 에마뉘엘보다 한 살이 많았고, 프랑스어 바칼로레아를 준비했어요. 나는 식사 중에 특별한 재능이 있는 에마뉘엘 마크롱에 대해 이야기해주었죠"라고 말했다. 에마뉘엘이 연극 선생님에게 발휘한 매력에 대해서 다시 이야기하지 않더라도, 이는 긴 이야기의 서막일 뿐이다. 끊임없이 되풀이되는 이야기의 서막이다.

에마뉘엘은 파리고등사범학교에 떨어진 뒤, 낭테르에 있는 파리제10대학 철학과에 등록했다. 그의 지도교수인 역사학자 프랑수아 도스François Dosse는 폴 리쾨르 전기를 쓰기도 했다. 그는 에마뉘엘의 재능을 재빨리 알아보았다. 《L'Ambigu Monsieur Macron》에서 "그는 매우 훌륭하게 잘 녹아들었다. 특히 여러 가르침을 종합적으로 이끌어내는 능력이 있었다"고 밝혔다. 그가 바로 철학자 폴 리쾨르에게 고문서를 분류할 수 있는 학생으로 에마뉘엘을 소개해준 사람이다. 에마뉘엘에게 큰 도움이 되는 만남이었다.

에마뉘엘은 흥분한 목소리로 대가와 철학에 대해 이야기를 나눴다. 에마뉘엘은 《르누벨옵세르바퇴르》인터뷰에서 말했다. "우리는 헤어지지 않을 겁니다. 나는 그에게 엄청난 빚을 졌어요. 바로 신뢰라는 빚이죠. 나는 스물한 살이었고, 아무것도 몰랐어요. 여든이 넘은 철학의 대가는 내가 그의 책을 재독하는 것을 수용해주고, 나의 논쟁에 대답해주고, 내가 그와 함께 지적인 대화를 할 만한 자격이 있다고 평가해주셨습니다." 대가는 에마뉘엘에게 "자네와 함께 있을 때, 마치 동년배와 있는 듯한 느낌을 받는다네. 잊을 수 없을 걸세"라고 말했다고 한다. 에마뉘엘은 외모와 젊은 열정 덕분에 나이 많은 이들에게 이런 잊을 수 없는 효과를 자주 야기했다.

줄리앙 드레이Julien Dray는 웃으며 에마뉘엘에게 '노인 킬러'라는 별명을 붙였다. 그는 확실히 연장자를 매혹하는 특별한 재능이 있다. 국립행정학교의 한 친구는 다음과 같이 증언했다. "에마뉘엘은 위 세대 사람들에게 의지한다. 그는 노인을 위한 젊은 치료사처럼 등장한다. 그들은 야망 있는 젊은이가 비위를 맞춰주는 것을 좋아한다. 매우 인상적인 유혹의 과정이다. 에마뉘엘은 주변에 반짝이는 동경의 눈동자를 필요로 한다. 그는 유혹하고 이용한 뒤에 버린다. 그는 마크 페라시 이외에 친구가 거의 없다."

자의적이든 아니든, 자연스럽든 계산적이든, 에마뉘엘이 특별한 남자임은 부인할 수 없다. 가수 뒤트롱

Jacques Dutronc의 노래처럼 에마뉘엘은 사랑을 나눈다. 그는 대화 상대방에게 서로 가까워졌다는 인상을 주는 놀라운 재능이 있다. 그는 권력의 세계에서 공통점이 별로 없는 타인에게 관심과 열정을 보여주며 업무 관계를 꾸렸다.

에마뉘엘은 스트라스부르의 국립행정학교에서 그 유명한 세다르 상고르Sédar Senghor[66] 동기가 되었다. 이 동기에는 보리 발로Boris Vallaud, 세바스티앙 베일, 세바스티앙 프로토Sébastien Proto, 마티아스 비셰라 같은 좌파와 우파의 희망이 있었다. 보리 발로는 나중에 프랑수아 올랑드 정부의 수석비서관을 지냈고, 시몬 베일Simone Veil의 손자 세바스티앙 베일의 부인 시빌Sybille 또한 국립행정학교 출신으로 니콜라 사르코지를 위해 일했다. 세바스티앙 프로토는 사르코지 정부에서 일했고, 현재는 로스차일드에서 일한다.

에마뉘엘은 국립행정학교에서 관리인이나 수위를 포함한 모든 사람에게 마치 선거운동을 하듯 끊임없이 볼

---

[66] 세네갈 초대 대통령 이름으로, 그랑제콜은 입학 동기마다 이런 식으로 이름을 붙인다.

인사를 하고, 무제한으로 악수를 했다. 그는 심지어 어떤 사람에게는 친해졌다고 "자기, 안녕"이라고 인사하기도 했다.

에마뉘엘은 농담을 좋아하는 스물다섯 살 젊은이지만, 그의 인생은 다른 곳에 있다는 느낌을 주었다. 그는 책임감이 강했고, 의붓 자녀와 손주들이 있었다. 이 모든 것은 연극 수업 덕분에 생긴 일이다. 그는 주말에 학교 근처에 있지 않았고, 가라오케와 호프집에서 파티하고 짓궂은 장난을 좋아하는 친구들과 거리를 두었다.

그가 잘 속는 사람이 아니라는 걸 증명해주는 일화가 있다. 어느 날 국립행정학교 동기생들은 그의 메일을 해킹해서 그가 보낸 것처럼 메시지를 친구들에게 보냈다. '친구들에게, 우리는 매일 아침 만나지. 나는 인사를 해. 나는 너희를 보고 웃지만 마음 깊숙이 너희를 무시한단다.' 에마뉘엘은 그 장난을 웃어넘기고 말았다.

에마뉘엘은 시간이 흐르면서 범상치 않은 진심의 힘 덕분에 가공할 만한 효율성을 발휘하며 인맥을 넓혀갔다. 국립행정학교 친구 가스파르 간체(프랑수아 올랑드의 총애를 받은 이로, 2014년 엘리제궁의 소통을 담당했다)는 "에마뉘엘은 사교술이 능란했어요"라고 회상했다. 가스파르 간체는 덧붙였다. "그는 사생활을 잘 유지

할 뿐 아니라 정치, 문화 등에서 많은 활동을 했어요. 그는 수많은 인사를 알죠. 그는 입학할 때 이미 마리프랑수아즈 베스텔Marie-Françoise Bechtel 교장을 알았어요." 에마뉘엘은 정치인 장피에르 쉐베느망Jean-Pierre Chevènement의 집에서 교장과 만났다.

당시 젊은 마크롱의 또 다른 장점은 여자에 대한 고민이 없었다는 것이다. 에마뉘엘은 좌파였으나, 마티아스 비셰라 같은 다른 친구들보다 덜 참여적이었다. 브리지트와 행복한 그는 동료들과 달리 다른 것이 필요하지 않았다. 그는 공부와 성공을 위한 사다리에 오르는 데 도움을 주는 관계를 만드는 일에 전념할 수 있었다. 그는 이런 기질 덕분에 우아즈 시청에서 인턴 생활을 하고 10점 만점을 받았다. 이는 130명 가운데 세 명만 기록한 성적이며, 그의 성적표에는 '특별한 카리스마가 있는 학생'이라는 평가도 첨부되었다.

에마뉘엘은 지성, 통합하는 능력, 빼어난 업무 능력, 특별한 카리스마 등 진지한 장점을 갖췄다. 그의 대부들이 끊임없이 칭찬하는 공감 능력이야말로 가장 큰 장점이다. 그의 친구 마크 페라시는 "에마뉘엘은 남의 입장에서 생각하고, 타인의 생각을 명확하게 이해했어요"라고 말한다. 그는 요구하는 모습을 보인 적이 없다.

에마뉘엘은 대화 상대에 따라 무게를 달리하며 대화의 기술에 노력을 기울이고, 정신분석학자들이 '정신화 mentalization'라고 부르는 인지 공감, 타인의 정신 상태를 상상하는 능력이 있다.

어떤 어린이는 일찍이 타인을 모방하거나 타인의 직관을 감지하는 능력을 보여주기도 한다. 어린 에마뉘엘은 부모님처럼 책 읽을 때 연필을 들고 있었다.

대부와
형님들

　　에마뉘엘 마크롱은 빼어난 업무 능력, 권력 집단에서 보기 힘든 재기 발랄함 같은 장점 덕분에 금방 좋은 사람들 눈에 띄었다. 작가가 되고 싶은 소망을 잊은 이 남자는 진짜 아버지 외에 여러 아버지를 두었다. 결혼 후에도 여러 멘토를 아버지나 형님으로 삼았다. 에마뉘엘은 멘토를 습관적으로 애정을 담아 아버지나 형님이라고 불렀다. 모두 최소한 서른 살 연상이라 그렇게 부를 사람이 별로 없어 보이지만, 싹싹하고 붙임성 있게 형님이라고 불렀다.

　에마뉘엘 마크롱은 다양하면서도 선별적인 부자 관계를 만들었다. 줄리앙 드레이는 "그는 항상 노인을 유혹하고, 그들의 이상적인 아들이 됩니다"라고 분석했다. 그의 타깃이자 일흔이 넘은 한 여성은 그럴듯하게 분석했다. "이렇게 말해도 괜찮을지 모르지만, 노인은 노인에게 관심을 보이는 젊은이를 보면 그저 행복해요. 노인이 사회적으로 본인이 쓰임이 있는지 자문하듯이, 젊고 총명한 장관이 노인에게 당신이 필요하다고 말하며 아첨하기를 기대하죠."

전에 마크롱과 비슷한 명성을 얻은 다른 젊은이가 있었다. 그도 지방 출신으로 그르노블에서 태어났다. 파리이공과대학, 국립행정학교, 회계감독관 등 여러 학위를 취득했고, 훈훈한 외모에 상냥한 수재였다. 그는 에두아르 발라뒤르 총리실에서 민영화 자문 일을 하다가 은행계, 정확히 라자르은행에 입사하기 위해 공직을 떠났다. 수자원그룹의 최고경영자 기 데주아니Guy Dejouany 덕분에 비방디Vivendi 그룹 수뇌부에서 짧은 기간 강렬한 커리어를 쌓았다. 그의 이름은 장마리 메시에Jean-Marie Messier다.

프랑수아 도스에 따르면 젊은 마크롱은 폴 리쾨르와 '거의 부자 관계'를 맺고, 로랑 파비우스Laurent Fabius[67]와 가까워진 뒤(그는 2000년에 6개월간 시민운동당MDC 정

---

67 프랑스 총리를 역임한 정치인.

치인 조르주 사레Georges Sarre의 사무실에서 일했다), 결정적인 사람을 만난다. 바로 앙리 에르망드다.

에마뉘엘의 정치 멘토로 자주 소개되는 이 신중한 사업가는 유통업으로 부를 쌓았고, 진보 좌파의 후원자로 유명하다. 2016년에 작고한 이 개혁주의자는 피에르 로잔발롱의 사상 공화국La République des idees de Pierre Rosanvallon, 테라 노바 같은 좌파 싱크 탱크에 재정 지원을 했다. 그는 〈르몽드〉 편집장 출신 에릭 포토리노Éric Fottorino가 만든 주간지 《르앙》의 대주주다. 마크롱은 《르앙》에 자주 기고했다.

〈르몽드〉에 따르면 앙리 에르망드는 레지스탕스 활동가이자 진보적인 학계나 잡지 《에스프리Esprit》와 가까운 반제국주의자, 인본주의자, 기독교인이다. 전직 통일사회당 당원인 그는 제2의 좌파[68] 후보 미셸 로카르를 지원한 뒤, 에마뉘엘을 거두기로 결심했다. 에마뉘엘은 나이지리아에서 인턴 생활을 하고, 국립행정학교 학생이 고위 공무원 인턴을 거치는 우아즈 시청에서 일하다

---

[68] 자코뱅의 유산과 프랑스식 마르크시즘의 영향을 받은 제1의 좌파와 대비되는 프랑스의 좌파 정치 문화.

가 에르망드와 함께 점심 식사할 기회가 있었다. 그 후 에르망드는 이 총명한 젊은이의 매력에 빠져서 말했다. "파리로 오게. 자네에게 사람들을 소개해주겠네."

에마뉘엘과 브리지트는 이렇게 에르망드의 인생으로 들어갔다. 그의 부인 베아트리스Béatrice는 기억한다. "에마뉘엘과 앙리는 자주 만났고, 부부끼리 혹은 친구들과 자주 저녁 식사를 했어요. 우리는 짧은 휴가도 함께 떠났어요." 앙리는 에마뉘엘에게 아파트 구매 비용을 빌려주었다. 무엇보다 그를 밀어주기 위해서다. 미셸 로카르를 대통령으로 당선시키는 데 실패한 뒤, 에마뉘엘을 진보 좌파의 리더로 밀고 대선 후보로 내보내기 위해서다.

유토피아를 꿈꾸는 이 관대한 사람의 부인은 남편과 에마뉘엘이 아주 좋아했다고 확언한다. "에마뉘엘은 그의 아들 같았어요." 브리지트가 어느 날 그녀에게 "에마뉘엘은 친아버지와도 이렇게 지낸 적이 없어요"라고 고백한 것으로 보아 같은 의견인 모양이다.

앙리 에르망드는 약속한 대로 에마뉘엘을 세상에 소개했다. 2007년 에마뉘엘과 브리지트의 결혼식 파티를 주최한 미셸 로카르 전 총리의 부인 실비 로카르Sylvie Rocard는 증언했다. "앙리는 에마뉘엘에게 모든 문을 열어주었고, 특히 미셸 로카르에게 소개했어요." 그 후 로카르 가족은 에마뉘엘 부부와 자주 만났다.

실비 로카르는 에마뉘엘에게 만난 지 25분이 지나면 오래전부터 그를 알고 지낸 듯한 인상을 주는 특별한 재능이 있다고 말했다. 그녀는 10년 전 브리지트와 에마뉘엘이 파리로 이사했을 때 첫 저녁 식사를 기억한다. "고블랑 근처에 있는 그들의 아파트는 거실 소파와 주방이 2미터 거리일 정도로 작았어요. 그들은 미셸을 만나는 데 감동 받은 듯했고, 뜨겁게 환대해주었어요."

에마뉘엘 마크롱은 로카르와 자신의 부자 같은 관계를 특별하게 여겼다. 로카르가 총리였을 때 에마뉘엘은 열한 살이었지만, 총리실에 이른 그의 인생 여정을 기억에 담아두고 싶어 했다. 통일사회당의 전 리더인 로카르가 사망한 다음 날, 일간지 〈르파리지엥Le Parisien〉 인터뷰에서 에마뉘엘은 말했다. "그는 국가와 시민사회가 가까워지는 데 기여했고, 최저통합수당 같은 크나큰 사회적 쟁취를 이뤘으며, 국가 개혁의 첫 시도로 공적 실행을 개혁했습니다. 사회경제 시장에도 공헌했고요."

전 총리 로카르는 《르푸앙》 마지막 인터뷰에서 마크롱은 갈 길이 멀다고 한탄했지만, 마크롱은 제2의 좌파에서 위대한 인물과 지성으로 연결된 부자 관계였다고 주장했다. 누벨칼레도니Nouvelle-Calédonie 조약[69]의 아버지 로카르와 친한 것과 그의 정치적 계승자가 되는 일은 서로 다른 성질임을 암시하는 것일까? 에마뉘엘은 자신과 목표가 같은 마뉘엘 발스, 스테판 푸크Stéphane Fouks, 알랭 바우어Alain Bauer를 겨냥해 "로카르를 아는 사람들은 그에 대해 아무것도 알지 못한다"고 말했다. "그들은 정신적으로 연결된 사람들이 아니다. 권력을 사랑하는 인맥일 뿐이다"라고 쓴소리도 했다. 착한 마크롱이지만 경쟁자를 만나면 신랄하게 비판할 줄 안다. 그리고 유머러스하게 고백한다. "아무래도 나는 그리스도인가 봐요. 사람들이 내게 들러붙어요." 조르주 로트너Georges Lautner 감독이 만든 영화 〈Tontons flingueurs총잡이 아저씨〉의 유명한 대사가 있다. "나는 미친 사람들을 돌보는 일을 한다. 나는 그들에게 처방을 내리고 엄하게 다룰 것이다. 그들은 파리 곳곳에서 작은 퍼즐 조각처럼 흩어질 것이다. 사람들이 문제 삼을수록 나는 박살 내고, 흩뜨리고, 찢어놓을 것이다."

에마뉘엘은 자신을 파리에 소개하고 성공의 발판을

---

69 1988년 프랑스 식민지였던 뉴칼레도니아의 독립 법안을 승인한 조약.

마련해준 앙리 에르망드 외에도 명망 높은 대부들 눈에 띈다. 장피에르 주에, 자크 아탈리, 장미셸 다루아Jean-Michel Darrois, 세르주 바인베르그, 알랭 멩크Alain Minc,[70] 다비드 드 로스차일드, 프랑수아 앙로 그리고 프랑수아 올랑드가 있다. 이 조언자 중 한 명은 어느 날 이런 소리를 들을 것이다. "에마뉘엘은 모든 사람들이 갖고 싶어 하는 아들이다." 아버지를 죽이기 원하는 그런 아들을 상상할 필요는 없다.

에마뉘엘 마크롱은 선별적으로 부자 관계를 맺었다. 대가족을 구성하기 위해서는 아니지만, 적어도 괜찮은 규모의 가족을 만들기 위해 대부를 잘 선택했다. 그는 확장된 동공으로 뚫어질듯이 대부를 응시하며 완벽한 대화 상대처럼 처신했다. 상대에게 자신을 내던지지 않지만 신뢰를 끌어 모았다. 그는 길을 하나 개척하기 위해서는 사랑하고, 매료된 모습을 보이고, 집중하고, 공감해야 한다는 것을 잘 안다.

관심 있는 척할 뿐이라고 에마뉘엘 마크롱에 대해 말하는 사람도 있다. 그를 잘 아는 최고경영자가 이에 대

---

70 〈르몽드〉 논설위원.

해 대답했다. "그 질문에 대답하기는 어렵습니다. 그는 뱅상 볼로레Vincent Bollor é[71] 회장처럼, 절대 신뢰할 수는 없지만 매력적인 거짓말쟁이는 아니에요. 애정의 표현과 실제적인 애정의 경계는 무엇인가요? 그것은 말하기 힘들죠."

말하기 힘들다. 상냥한 외모로 타인에게 큰 관심을 보이는 에마뉘엘 마크롱은 다른 정치인처럼 진정성을 드러내는 기술이 뛰어난, 유쾌하고 감성적인 조작자가 아니다. 프랑수아 바이루François Bayrou의 측근인 크레디 리오네 은행의 전 회장 장 페이르레바드Jean Peyrelevade는 초반에 에마뉘엘 마크롱을 후원했다. 그는 에마뉘엘이 대통령 경제수석비서관이던 시절에만 좋아했다. 그는 TV 인터뷰에서 에마뉘엘을 신랄하게 비판했다. "정치 분석의 단순함이 드러나는 그의 감상적인 계획에 실망했어요. 충격이에요. 마크롱은 타인과 관계를 분석하는 방법이 애정과 유혹뿐인 줄 아는 것 같아요."

자크 시라크가 상대의 눈을 바라보며 가족 같은 사랑의 카드 패를 쥐락펴락하며 측근의 충실함을 잘 이끌어

---

71 투자 그룹 볼로레Bolloré의 회장 겸 최고경영자.

낸 것처럼, 마크롱은 감성적인 코드를 이용하는 재능이 뛰어난 듯하다. 그의 재능은 부인할 수 없다. 그는 상대를 만족시키되, 눈에 보이지 않게 한다. 고난 속에서도 상냥함을 보이고 친절하며, 귀 기울여 들을 줄 아는 그는 남들에게 없는 장점이 있다.

프랑수아 앙로는 다음과 같이 요약했다. "에마뉘엘은 대화의 기술이 특별해요. 그는 대화 상대를 설득하고 매혹하는 능력이 있죠. 그는 두 눈을 깊숙이 바라보며 지금 나누는 대화가 이 세상에서 가장 중요한 것처럼 느껴지게 만들어요. 시간은 전혀 중요치 않은 것처럼, 시간이 연장될 수 있는 것처럼 느껴지게 하죠. 애초에 15~30분으로 예상한 만남은 45분으로 늘어나고 한 시간, 두 시간으로 연장되지만, 열정적인 대화를 나눌 때는 5분밖에 흐르지 않은 것 같았어요."

에마뉘엘의 큰 형님 가운데 한 명인 프랑수아 앙로는 에마뉘엘이 로스차일드 은행에 입사하는 데 영향을 미쳤다. "귀 기울여 듣는 능력은 재무감독관에게서 보기 힘든 능력입니다. 진실이 하나가 아니라고 생각하는 사람은 별로 없어요. 에마뉘엘은 자신의 의견만큼 상대방의 의견도 중요시한다는 인상을 줍니다."

로스차일드의 부회장 프랑수아 앙로는 계속해서 말

했다. "그는 모든 사람을 매혹할 수 있어요. 이론의 여지가 없죠. 도구적인 매혹이 아니라 본능적인 매혹이에요. 그는 나이, 분야, 수준, 교육, 부서에 상관없이 모든 이에게 사랑받고 사방으로 전파하는 사람입니다." 앙로는 웃으며 에마뉘엘이 정계에 진출하기 전의 일화를 회상했다. 앙로가 은행 입구의 경비에게 인사하고 덕담을 건네자 경비가 대답했다. "앙로 씨, 당신도 알다시피 이 은행에서 내게 항상 인사를 건네는 사람이 딱 세 명 있습니다. 다비드 씨와 당신과 마크롱 씨입니다."

젊은 마크롱은 결국 솔직하고 천진한 외모로 일찍이 인기 전술을 구사하는 거대한 체제에 발을 들인 것이 아닐까? 세계 전체를 포용하며 호평이 자신에게 돌아오길 바라는 방법으로? 프랑수아 앙로는 이 점에 대해서도 동생 마크롱을 변호한다. "아닙니다, 인기 전술이 아니에요. 우리는 그에게서 아무것도 얻지 않았어요. 국가 조직에서 함께 일한 적이 있는 내 동료 중 아무도 특별 대우를 받은 적이 없어요. 인기 전술을 말하는 사람은 특혜를 이야기하지만, 그에게는 그런 게 전혀 없어요. 그가 엘리제궁에 있을 때 로스차일드가 국가에서 위임받은 직책이 하나도 없었어요. 우리가 전념하는 사업에도 특혜가 없었고요."

앙로는 자기 말을 뒷받침해주는 일화를 상기했다. 로스차일드는 오랑주 이동통신사를 중심으로 부이그 이동통신사를 합병하는 계획을 성공시키고 싶어 했다. 로스차일드는 부이그 그룹의 마르탱 부이그Martin Bouygues 회장에게 자문하는 상황이었다. 그러나 엘리제궁의 마크롱 경제수석비서관은 합병에 대해 여러 가지 요구 사항을 제기했고, 결국 계획은 실패했다.

에마뉘엘의 마성에 빠진 사람은 프랑수아 앙로뿐만 아니다. 기업 수장 다수가 그에게 매료되었다. 기업인 마크 시몬치니Marc Simoncini는 내게 다음과 같은 내용으로 메일을 보냈다. "당신에게 이야기할 만한 대단한 것은 없습니다. 나는 에마뉘엘과 많은 시간을 보내지 못했지만, 이는 마치 첫눈에 반해 사랑에 빠진 다음 날 사랑 이야기를 들려달라는 것과 같습니다."

기업인 자비에 니엘은 예전에 〈르몽드〉에 '마크롱은 나쁘다'(그는 상대 캠프에 조언해주었다)고 말한 것을 잊고, 장관이 된 로스차일드의 젊은 은행원과 우정을 맺었다. 그는 첨단산업 기업인들에게 에마뉘엘을 소개해주었다. 그리고 "에마뉘엘의 힘은 모든 사람과 친구가 된다는 점이에요"라고 말했다.

이런 증언으로 수십 페이지를 채울 수 있다. 에마뉘

엘에게 끊임없이 찬사를 보내는 인사들이 아주 많다. 그들은 에마뉘엘의 놀라운 공감 능력, 타인을 배려하는 재능, 타인의 말을 듣는 재능에 대해서 말한다. 이런 장점은 정치계에서 주목할 만하지만, 잘 알려지지 않는다. 그들은 에마뉘엘의 솔직함과 타고난 기질에도 찬사를 보낸다.

다비드 드 로스차일드는 그의 지성과 매력을 높이 평가한다. "이론의 여지가 없는 그의 인품에는 매력적인 무엇이 있습니다. 그는 정계에서도 애정을 잃지 않았어요. 정계에서 이런 점은 자주 가려집니다." 그리고 덧붙인다. "외국인 직원 700명이 있는 회사에서도 그는 매일 평소처럼 일하고, 비서에게 인사하고 안부를 묻고 포옹합니다. 사람들은 대개 그러지 않죠. 당신이 그와 이야기하면 그는 당신을 바라보며 상냥하게 대하고 공감해 줄 겁니다. 이는 집단생활에서 큰 장점이죠. 그는 타인과 그렇게 관계를 맺습니다."

변호사 장미셸 다루아는 에마뉘엘 덕분에 로스차일드와 네슬레의 큰 거래를 성사할 수 있었다. 그는 말했다. "에마뉘엘은 남들과 달라요. 그에게는 뭔가 특별한 게 느껴집니다. 그는 들을 줄 알죠. 그가 특별하게 매혹의 힘을 발휘한 노인으로 세르주 바인베르그와 알랭 멩크를 꼽을 수 있어요. 확실합니다. 또 있어요. 네슬레의 최고경영자 피터 브라벡Peter Brabeck이죠."

노련한 세르주 바인베르그는 사노피Sanofi 그룹의 넓은 사무실 안락의자에 앉아 있었다. 그는 부드러운 목소리에 눈빛을 반짝이며 에마뉘엘을 인정했다. 그는 아탈리위원회에서 처음 만났을 때 에마뉘엘이 범상치 않은 인물이라고 판단했다. "나는 지금까지 수많은 고위 관료를 만나왔어요. 그들은 대개 개념적이지 못하죠. 그러나 에마뉘엘은 성품과 공감 능력 덕분에 어떤 문제를 개념적인 부분과 기술적인 디테일로 동시에 접근하는 능력이 있어요. 그 문제가 모순적이라도 말이죠."

두 사람은 매우 친한 친구가 되었다. 에마뉘엘이 미래의 직업에 대한 질문을 던지자, 바인베르그는 다비드와 앙로에게 전화해서 장래 유망한 이 젊은이를 만나 조언해주라며 정치인이라는 직업에서 성공하게 해줄 에마뉘엘의 사교성과 정신의 유순함을 칭찬했다.

몇 년 뒤, 에마뉘엘이 앙 마르슈를 만들겠다고 처음으로 고백한 이도 세르주 바인베르그와 장미셸 다루아다. "나는 그의 오랜 삼촌입니다." 바인베르그는 말했다. 발표는 소박한 저녁 식사 자리에서 있었다. 이 자리에는 브리지트는 물론, 세르주 바인베르그의 부인 펠리시테

에르조그Félicité Herzog와 장미셸 다루아의 부인 베티나 랭스Bettina Rheims도 참석했다.

바인베르그는 마크롱이 다음 단계를 확실히 정하지 않았을 때, 즉시 이해하지 못했다는 점을 인정하며 말했다. "온갖 질문이 고개를 들었어요. 그러나 그 순간 에마뉘엘이 나를 깊이 신뢰한다는 사실이 떠올랐어요. 우리의 관계를 넘어, 현실적으로 떠오르는 모든 질문을 쓸어버리는 강한 신념을 느꼈죠." 눈이 먼 게 아닐까? 그는 덧붙였다. "대선에 나가려는 사람에게는 이성적인 분석이 아닌, 수많은 결의와 흔들리지 않는 신뢰가 필요해요."

시간이 흐르면서 어떤 이들과는 소원해졌고, 어떤 이들과는 여전히 좋은 관계를 유지했다. 그들은 확실한 실망이 아니면 어떤 의문이 떠올라도 좋은 관계를 유지했다. 국립행정학교의 한 동료는 이를 분석적으로 말했다. "에마뉘엘은 항상 신의를 지킵니다. 아니 오히려 항상 신의를 배반하죠. 그는 자신을 올라가게 해준 엘리베이터를 그냥 돌려보내지 않아요. 사람들을 이용하죠. 특이한 점은 똑똑한 사람들이 대부분 이를 알면서도 도움을 준다는 거예요."

에마뉘엘의 인생 여정에서 애정 어린 부자 관계를 맺

은 사람 가운데 실질적으로 가장 크게 속은 사람은 프랑수아 올랑드 대통령이다. 프랑수아 올랑드는 그가 아끼던 에마뉘엘과 성향이 전혀 다르다. 올랑드는 겉으로 부드러워 보이지만, 사실은 냉정하고 무관심한 성격이다. 대통령이 속았다는 감정이 들도록 해야 했을까? 《Un président ne devrait pas dire ça대통령은 그런 말을 하지 말아야 한다》에 등장하는 제라르 다베Gérard Davet와 파브리스 롬므Fabrice Lhomme의 대화가 보여주듯이, 올랑드는 자기가 속았음을 깨닫는 데 시간이 걸렸다.

올랑드와 마크롱 두 사람의 친구인 한 인물은 껄껄 웃으며 말했다. "올랑드 대통령은 에마뉘엘을 모든 사람이 갖고 싶어 하는 아들이라고 말했어요. 에마뉘엘이 떠나기 전까지 말이죠. 에마뉘엘이 떠난 뒤 그는 속았다고 느끼며 매우 고통스러워했어요. 에마뉘엘 마크롱은 명랑하고 똑똑하고 호감이 가는 젊은이거든요. 올랑드는 에마뉘엘이 자기 시계를 훔쳤다고 생각했어요."

치명적인 타격을 받은 사람은 마뉘엘 발스다. 그는 대선 후보로서 1차 투표의 최종 성적이 어떻든 산술적으로 대선 2차 투표에 진출할 수 없었다. 올랑드는 대통령으로서 그보다 강한 배신감이 들었을 것이다.

모든 대부와 형님들이 매번 같은 과정을 거친다는 점

이 흥미롭다. 대부와 형님들은 처음에 그가 파리에서 성공하는 것을 자랑스러워했다. 두 번째 단계에서 라스티냐크Rastignac[72]가 자신을 이용했다는 사실과 자신이 주인공이 아니라는 걸 깨닫는다. 존경 받는 이 인물들은 에마뉘엘을 과소평가했으며, 자신에게 거짓말한 적이 없는 그에게 매번 다가갔다.

에마뉘엘 마크롱이 진보 좌파를 구체적으로 실현할 거라고 기대한 한 재력가는 상호공제조합에서 열린 첫 집회에 참석한 뒤 그와 거리를 두었다. 훌륭한 연설이지만 속 빈 강정이었다. 그는 마크롱의 방식에 깊은 인상을 받았다고 비아냥거리며 다음과 같이 분석했다. "먼저 유혹하는 강렬한 문장이 있다. '애정을 담아'라는 서명이 담긴 이메일은 우리가 내적으로 긴밀한 사이인 것처럼 친숙한 느낌을 준다. 합리적인 담화는 회피하고, 자기가 생각하는 것만 인상적으로 말한다. 그는 '네, 아니오'라고 말하지만, 명확한 사상이나 모든 이를 위한 비전을 제시하지 않고 다음 단계로 넘어간다."

에마뉘엘 마크롱은 대선 초기에 자신을 반체제 후보

---

[72] 발자크의 소설 《고리오 영감Le Père Goriot》의 주인공.

자로 소개하는 믿기 힘든 대담함을 보였다. 그는 체제 덕분에 빠른 속도로 상승할 수 있었다. 그는 고위 공무원이자 금융가였다. 한 기업가는 말했다. "그를 성공으로 이끈 것은 현 체제입니다. 그는 프랑스의 성공 메커니즘과 의무적인 인턴 기간 덕분에 최고 자리에 오르기 전에 사람들 눈에 띄었고, 지원 받을 수 있었죠."

에마뉘엘 마크롱의 주장은 다르다. "나는 일 때문에 현 체제에 속했지만, 체제에 머물지 않았어요. 체제의 문제를 깨달은 뒤 체제에 안착하지 않았다는 말씀이죠. 나는 체제의 안락함을 결코 받아들이지 않았습니다."

에마뉘엘은 로스차일드 은행을 떠날 때, 엘리제궁에 가기 위해 그동안 가진 모든 것을 버렸다. 2014년 6월 엘리제궁을 떠날 때 그랬듯이 말이다. 그는 두 달 뒤인 8월에 경제산업부 장관에 임명되었다.

닭이 먼저일까, 달걀이 먼저일까? 프랑스의 유명한 체제를 상징하는 수많은 대표, 프랑스의 특권자 명부에 오른 신중하고 영향력 있는 사람들이 이 젊은이의 상승에 결정적인 역할을 했다는 점은 확실하다.

경험과
능력

정계와 마찬가지로 금융계에 종사할 때도 에마뉘엘 마크롱에게는 대부가 여럿 있었다. 그는 대부들을 만나고 마음을 사로잡았지만, 때로는 헌신짝처럼 버렸다. 이런 그의 방식과 대부들에 대해 알아보면 이들의 만남은 교훈적이고 열정적이지만, 실망스럽기도 하다.

장피에르 주에는 친구 프랑수아 올랑드의 대통령 임기 중인 2012년, 자신이 아끼는 에마뉘엘 마크롱을 엘리제궁의 경제수석비서관으로 임명시키는 데 성공한다. 니콜라 사르코지 대통령 시절에 유럽연합EU 정무차관을 지낸 수다쟁이 장피에르는 사랑스럽고 부유하다. 그는 국가의 모든 계략과 대자본이 부리는 마술에 대해 영악하지만, 순수한 면도 있다. 천진한 장피에르는 예민하고 감성적이다. 그는 책임감 있는 기독교도로, 동성 간의 결혼을 합법화하는 데 고통스러워했다.

프랑수아 올랑드, 세골렌 루아얄, 도미니크 드 빌팽 Dominique de Villepin[73] 등과 국립행정학교 동기인 장피에르는 〈르몽드〉의 두 기자를 믿고 한 말 때문에 진창에 빠졌다. 프랑수아 피용과 점심 식사 중 피용이 그에게 니콜라 사르코지에 관한 사법절차를 빨리 해달라고 요구했다는 기사가 실렸다. 기자에게 하지 말아야 할 발언이고, 금지된 내용이다. 그는 휴대폰을 없앴다.

프랑스 엘리트의 전형인 장피에르 주에는 성격 좋고, 축구와 샹송 애호가이자 미식가다. 파리정치대학과 국립행정학교를 졸업한 뒤 재무감독국과 여러 고위직(프랑스에서 가장 인기 있는 직책인 국고의 책임자, 금융시장당국AMF과 예탁금고의 책임자였다)을 거쳤다. 그는 친구들 그리고 에마뉘엘 마크롱의 부인 브리지트와 함께하는 저녁 식사를 무엇보다 좋아했다.

장피에르 주에의 이지적인 아내는 향수 회사 아닉 구탈Annick Goutal의 최고경영자를 지냈으며, 파리정치대

---

73 외무부 장관과 총리를 역임한 프랑스 정치인.

학의 전략 책임자다. 성품이 너그러운 그녀는 테탱저 Taittinger 샴페인 가문 출신으로, 크리스토프 드 마르제리 Christophe de Margerie[74]와 사촌이다.

국가 재정을 회복하고 싶어 한 프랑수아 올랑드 대통령의 가장 친한 친구인 장피에르는 2015년 10월 27일, 생 쉴피스 성당에서 치른 토탈 그룹의 회장 장례식장에서 맨 앞줄에 참석했다. 그는 이 자리에서 특이한 기업인이던 고인에게 헌정하는 감동적인 연설을 했다. 대식가였던 고인은 직선적으로 말하고 변덕스러웠다. 장피에르는 권력에 대한 환상이 없었고, 권력에 아부하는 사람을 재미있다는 듯이 바라보았다.

장피에르의 아내는 이 자리에서 고인을 웃게 만들었을지도 모른다. 그녀야말로 권력의 정점이 아닐까? 정치와 경제, 좌파, 우파를 아우르는 사람들은 공적으로 거칠게 대하지만, 사적으로 세기의 저녁 식사나 오페라 회원 파티에서 말을 놓고 대화한다.

마르탱 부이그 회장, 사업가 세르주 바인베르그, 작가 클라라 가이마르Clara Gaymard, 프낙Fnac 최고경영자

---

74 프랑스 다국적 정유 기업 토탈Total S.A의 회장.

알렉상드르 봄파르Alexandre Bompard, 올랑드 정부에서 산업부 장관을 지낸 아르노 몽테부르Arnaud Montebourg, 사르코지 정부에서 법무부 장관을 지낸 라시다 다티Rachida Dati, 영화감독 야미나 벤귀지Yamina Benguigui… 이들은 모두 장피에르 주에와 친하다. 모두 어느 순간 혹은 또 다른 순간, 교차점에서 도움을 주며 자기 능력을 발휘할 기회를 기다린다.

2017년 1월 주간지 《르 카나르 앙셰네》가 피용의 캠프에 불을 지른 기사를 내기 전날, 미식가 장피에르 주에는 엘리제궁 1층에서 점심을 먹으며 익살스러운 유머로 말했다. "중요한 뉴스가 있지만 지금 이 순간 그런 건 어찌 돼도 상관없다네." 식당에는 프랑수아 올랑드 대통령의 사진이 걸렸고, 꽃무늬 벽지로 장식된 약간 우울한 분위기였다. 음식은 향신료를 뿌린 고등어, 구운 아귀, 채소 퓌레, 핑거 캐러멜 케이크가 나왔다.

에마뉘엘은 그를 아주 잘 안다. 가장 열렬한 후원자 장피에르 주에는 에마뉘엘이 정부에서 사퇴한 뒤 잠시 냉각기를 제외하고 늘 함께했다. 그는 에마뉘엘을 프랑수아 올랑드 쪽으로 밀었고, 에마뉘엘이 대통령을 위해 일하도록 밀어주었다.

그는 많은 사람에게 에마뉘엘을 소개했다. 특히 파리

16구에 있는 자기 아파트에서 프랑수아 올랑드와 발레리, 두 사람이 헤어진 뒤에는 올랑드와 줄리 가예, 세르주 바인베르그, 샤를르앙리 필리피Charles-Henri Filippi,[75] 알렉상드르 봄파르, 마르탱 이르쉬Martin Hirsch 등 수많은 인사가 참석하는 격식 없는 저녁 식사 자리에 그를 소개했다. 장피에르 주에는 전부터 에마뉘엘을 눈여겨보았고, 에마뉘엘의 빠른 승진에는 자크 아탈리 만큼 그의 공이 컸던 것으로 보인다.

장피에르 주에는 재무감독국 수장으로 행정부에 있을 때 젊은 마크롱을 만났다. 재무감독국은 권력의 핵심이자 지스카르 데스탱, 알랭 쥐페Alain Juppé,[76] 장마리 메시에, 앙리 드 카스트리Henri de Castries[77] 같은 국가 엘리트가 거쳐 간 곳이다. 재무감독국은 옷에 다는 하나의 장식이 아니라, 당파 분열을 초월하는 훈장이라고 할 수 있다. 엘리트 공무원에게는 그곳 출신이냐 아니냐가 중요하다. 작가를 꿈꾼 에마뉘엘의 문학적·철학적 열망

---

75 프랑스 사회복지부 장관을 지낸 기업인으로, 현재 프랑스 시티그룹 Citigroup France 회장.
76 자크 시라크 대통령 정부에서 총리를 지낸 정치인.
77 악사AXA의 전 최고경영자로, 프랑수아 피용 대선 캠프에 합류함.

과 거리가 먼 곳이다.

장피에르 주에는 깜짝 놀랄 정도로 총명한 사람이 몇 명 있는데, 그들은 알렉상드르 봄파르, 마르게리트 베라르Marguerite Bérard, 세바스티앙 프로토, 에마뉘엘 마크롱이라고 했다. 잘생기고 머리 좋은 이 젊은이들은 야망을 위해 공부하고 또 공부했다. 이들은 프랑스의 전통적인 엘리트 학업 과정을 거치고, 공직에서 일하고, 장관실을 거쳐 민간 분야에서 커리어를 펼쳤다.

알렉상드르 봄파르는 2002년 재무감독국에 들어갔고, 프랑수아 피용의 사회노동부 장관실에서 기술 자문을 했다. 2004년 카날플뤼스Canal+ 방송국에 입사했고, 2008년에는 유럽앙Europe1 라디오 방송국의 최고경영자가 되었으며, 2011년에는 프낙 그룹의 회장이 되었다.

마르게리트 베라르는 국립행정학교 시절 우수한 성적을 자랑했으며, 세다르 상고르로 에마뉘엘과 동기다. 프린스턴대학교Princeton University에서 학위를 받았고, 2007~2010년 사르코지 대통령 자문으로 일했다. 2012년까지 노동·고용·사회보장부 장관실에서 근무한 뒤, BPCE 그룹의 최고경영자가 되었다.

'우파의 마크롱'이라고도 불리는 세바스티앙 프로토는 국립행정학교에 수석으로 입학하고 차석으로 졸업했다. 그도 세다르 상고르로 에마뉘엘과 동기다. 그는 2007년과 2012년 사르코지 대통령의 경제 프로그램을 위해, 에릭 뵈르트Éric Woerth 예산부 장관과 발레리 페크레스Valérie Pécresse 예산부 장관 밑에서 일했다. 그는 로스차일드 은행 경영자로 있을 때 에마뉘엘 마크롱을 알았다. 2012년 대선에서 니콜라 사르코지가 패하자, 로스차일드의 공동경영자로 복귀했다.

장피에르 주에는 재무감독국의 수장으로서 젊은 감독원에게 보고서를 할당하고 긴밀하게 일했다. 그는 보고서를 받고 수정하며, 젊은 감독원은 커리어에 대한 조언을 구하기 위해 그를 방문했고, 그는 그런 걸 좋아한다. 그는 이런 방식으로 에마뉘엘 마크롱과 알았고, 두 사람은 잘 맞았다. 그는 에마뉘엘을 중요한 업무 책임자로 발탁했다.

2007년에 두 사람은 환상적으로 맞았다. 에마뉘엘은 리오넬 조스팽Lionel Jospin의 경제수석비서관을 지낸 장피에르 주에를 결혼식에 초대했다. (그러나 그는 결혼식에 참석하지 않았다.) 그들은 정치와 문학에 대해 이야기했고, 다양한 분야에서 취향을 공유했다. 두 사람은 옛날 샹송을 즐겨 듣는다. 주에는 모든 세대가 좋아하는 샹송에 관한 책《Nous les avons tant aimes우리는 참으로 좋아했다》를 저술했다.

에마뉘엘은 음악 취향이 올드하다. 그는 가수 레오 페레Léo Ferré, 조르주 브라상Georges Brassens, 클로드 프랑수아Claude François를 좋아한다. 두 사람은 재무감독국 세미나에서 함께 노래를 부르다가 놀랐다. 주에는 "이 점에 대해 강조하는 사람이 별로 없지만, 에마뉘엘은 쾌활하고 잘 먹고 잘 마신다"고 말했다. 이 말에는 그가 다른 은행계 인사들과 다르다는 뜻이 함축되었다. 에마뉘엘은 자서전 《Révolution》을 집필하고 정치를 탐색했다. 얼터너티브 록을 듣고, 몸매에 신경 쓰는 라자르은행의 프랑스 지사장 마티유 피가스는 "에마뉘엘은 건방지게 굴지 않고 어떤 일이든 진지하게 임한다"고 말했다.

장피에르 주에에 따르면 두 사람은 함께 위스키 잔을 기울이거나, 축구장 혹은 테니스장에서 만났다. 요컨대 두 남자는 긴밀한 관계였다. 장피에르의 어머니가 돌아가셨을 때, 비슷한 시기에 외할머니를 잃은 에마뉘엘은 장피에르에게 '죽음과 추억에 관한 롤랑 바르트의 아름다운 책'을 보냈다.

두 남자는 종교에 대해서도 토론했고, 가톨릭 사립학교 출신이라는 보이지 않는 공통점으로 가까워졌다. 주에는 "우리가 가까워진 또 다른 이유는 가톨릭 신자라는 점입니다. 그의 아내와도 마찬가지고요"라고 인정했다. 주에와 테탱저 부부의 자녀 중에 인기 있는 선생님 브리지트 마크롱이 근무한 고등학교의 학생도 있었다.

그들은 정치에 대해서도 이야기했다. 하지만 주에는 에마뉘엘이 재무감독국에서 근무할 때 그의 야망을 눈치 채지 못했다. 에마뉘엘이 잘 감췄으리라. 2009년에 에마뉘엘이 로랑 파비위스와 가까워지고, 외할머니의 고향 오트피레네에서 출마하려고 생각할 때, 주에는 주의를 환기했다. 세르주 바인베르그의 집에서 저녁 식사하는 자리였다. "파비위스는 후보가 될 수 없을 거야. 지켜봐야 할 사람은 프랑수아 올랑드지."

늘 도움을 주고 가교 역할을 한 장피에르는 에마뉘엘에게 프랑수아 올랑드에 대해 말하고, 자기 집에 마련한 저녁 식사 자리에 에마뉘엘과 브리지트를 초대했다. 그 자리에는 알렉상드르 봄파르, 샤를르앙리 필리피도 참석했다. 에마뉘엘은 두 사람을 2008년 자크 아탈리의 집에서 만난 적이 있다. 프랑수아 미테랑의 고문을 지낸 아탈리가 주최한 저녁 식사였다.

2010년 장피에르 주에가 마련한 저녁 식사 이후, 에마뉘엘은 좌파의 시민 경선 운동의 일환으로 장피에르 주에가 밀어준 덕분에 프랑수아 올랑드의 세계에 자리

잡기 시작했다. 그는 경제학자 소모임을 만들어 파리의 라 롱통드 레스토랑에서 정기적으로 만났다. 이 소모임에는 필리프 아기온Philippe Aghion, 엘리 코엔Élie Cohen, 질베르 세트Gilbert Cette, 산드린 뒤쉐네Sandrine Duchêne, 장 피사니페리Jean Pisani-Ferry가 참석했다. 장 피사니페리는 나중에 앙 마르슈에 합류했다.

마크 앙드벨드가 《L'Ambigu Monsieur Macron》에 썼듯이, 재무감독국에서 일하다가 로스차일드의 은행원이 된 에마뉘엘은 프랑수아 올랑드의 유명한 부르제Bourget 연설 이후 국제투자가를 안심시키기 위해 뛰어다녔다. 사회당 대선 후보 올랑드는 2012년 1월 22일 부르제 연설에서 금융계를 자기의 진정한 적이라 표명했다. 에마뉘엘은 금융계를 가라앉히기 위해 런던으로 갔다. 그는 경제적인 관점에서 리스크지만 '100만 유로 이상 초고소득층 세율 75퍼센트'는 절세하면 전혀 걱정할 필요가 없다고 설명했다. 그러나 이 모든 것은 프랑수아 올랑드가 2012년 대선에서 승리하기 전에 일어난 일이다.

대선 다음 날, 장피에르 주에는 당선인 올랑드가 발레리와 함께 사는 15구 아파트에서 비서실장 피에르 르네 르마Pierre-René Lemas와 함께 엘리제궁 조직 편성에 대해 의논했다. 주에가 경제는 반드시 에마뉘엘에게 맡기라고 말했고, 올랑드는 동의했다. 그의 지원 덕분에 천사의 미소를 머금은 에마뉘엘이 내각에 들어갈 수 있었다. 그 후 주에는 마뉘엘 발스와 함께 에마뉘엘이 발스 1기 정부의 예산부 장관이 되도록 밀었으나, 올랑드는 거절했다. 주에는 아르노 몽테부르가 사임한 뒤 발스 2기 정부의 경제산업부 장관으로 에마뉘엘이 임명되도록 밀었다.

주에는 오늘날 이런 도움과 후원을 회상하면서 조금 괴로운 심경이 될 수밖에 없었다. 장피에르 주에는 감성적이고 착하다. 에마뉘엘 마크롱이 정부에서 사퇴하고 처음에는 멀어졌다가, 2016년 8월에 관계를 회복했다. 정치를 싫어하는 주에의 딸이 마크롱의 집회에 참석한 뒤 그에게 매료되었다. 장피에르 주에는 2016년 12월, 부인과 함께 에마뉘엘과 브리지트가 결혼식을 올린 투케의 집을 방문했다. 그가 대선 출마 선언을 하고 한 달 뒤 일이다.

장피에르 주에는 "우리는 친구였다고 생각한다"고 했다가 "우리는 친구라고 생각한다"고 바꿔 말했다. 어떤 사람이 "장피에르, 당신은 초보자처럼 속아 넘어간다"고 말할 때 그는 약간 슬픈 미소를 지을 뿐, 이의를 제기하지 않았다. 사람들은 감성적인 장피에르 주에를 근본적으로 변화시키지 못할 것이다.

약간 속아 넘어간 또 다른 대부 자크 아탈리도 에마뉘엘의 '형님'이다. 그는 때로 동생을 혹독하게 다루고, 무관심을 보이거나 거리를 둔다. 그는 다른 식으로 이야기했다. "에마뉘엘 마크롱? 그를 처음으로 알아본 것은 나다. 그를 전적으로 창조해낸 것도 나다. 내가 그를 위원회의 보고 책임자로 임명하고, 파리를 비롯한 전 세계 유명 인사에게 소개한 뒤부터 그는 유명해졌다. 이는 명백한 사실이다." 그의 눈에 에마뉘엘은 합법적인 엘리트 생산품이다.

자크 아탈리는 이것은 일종의 어음이라고 말했다. 그는 특이하고 빠른 말투로 머릿속에 떠오르는 단어를 쏟아냈다. 그는 신경학자의 아들인 에마뉘엘 마크롱이 한 말을 전달하기 위해 말을 쏟아냈다. 맞다. 수많은 희로애락을 경험한 72세 자크 아탈리, 《Histoires du temps 시간의 역사》를 집필한 자크 아탈리는 시간이 얼마나 귀한지, 특히 자기에게 남은 시간이 얼마나 귀한지 누구보다 잘 안다. 아탈리는 까칠하다. 그는 핵심만 말하고 싶어 한다. 그리고 자기가 올림포스산과 그곳의 대표자들과 친하다는 사실을 사람들이 의식하는 것을 좋아한다.

그는 아끼는 에마뉘엘에게 혹독한 단어를 쏟아내면서도, 에마뉘엘은 텅 비었고 나르시스트이며 세계에 대한 비전이 없음을 나무라면서도(그는 에마뉘엘은 세계관이 없다고 말했다), 그는 에마뉘엘이 자신의 창조물임을 강조한다. 에마뉘엘은 장점이 많을지라도 아탈리 없이는 이렇게 빨리 오늘날의 지위에 이르지 못했을 것이다. 에마뉘엘의 장점을 처음으로 간파한 것도 그다. 에마뉘엘이 장관이 되기 전에 그가 대통령으로서 자질이 있다고 하지 않았는가!

그리고 염치없이 말했다. "아시다시피 이번이 네 번째예요. 나는 프랑수아 미테랑을 대통령으로 만들지 않았지만, 1974년에 그의 집무실장이었어요. 세골렌, 프랑수아 올랑드, 마뉘엘도 나의 조수였죠. 참 재밌어요." 그는 로스차일드 은행 건물에서 몇 미터 떨어진 메신느 거리에 위치한 사무실에 달린 응접실에서 녹차를 홀짝거리며 이야기를 나누고 미소 지으며 떠났다.

아탈리위원회가 에마뉘엘에게 길을 열어준 것이 사실이다. 언젠가 한 기자가 아탈리의 비서에게 실수로 마크롱위원회라고 말한 적이 있다. 에마뉘엘 마크롱은 부

책임자에 불과했지만, 이 직위는 그의 커리어에 부인할 수 없는 가속페달이 되었다.

니콜라 사르코지가 2007년 8월, 선거의 여세를 몰아 좌파와 우파 인사로 구성한 아탈리위원회는 결국 앙 마르슈의 시초가 되었다. 선의를 가진 진보주의자들이 모였고, 그들의 제안 중 일부는 마크롱 후보에게 영향을 주었다. 장피에르 주에가 피용 정부에서 EU 정무차관을 사임한 뒤, 에마뉘엘 마크롱은 재무감독국 대리 책임자로서 자신의 모든 장점을 펼쳤고, 덕분에 금쪽같은 인맥 주소록을 만들었다.

에마뉘엘은 여기에서 사노피 그룹의 회장 세르주 바인베르그와 그의 친구인 유명한 변호사 장미셸 다루아를 알았고, 이들은 모두 친해졌다. 에마뉘엘은 아탈리위원회를 통해 프랑스민주노동동맹CFDT의 전 사무총장 장 카스파Jean Kaspar도 알았다.

경제 신문 〈레제코Les Échos〉 주말판 2017년 1월 27일자 기사 〈Macron, la première marche마크롱의 첫걸음〉에 나오듯이 악사 그룹 클로드 베베아르Claude Bébéar, 당시 아레바Areva 회장 안느 로베르종Anne Lauvergeon, 유로넥스트Euronext의 최고경영자 스테판 부냐Stéphane Boujnah도 알았다. 스테판 부냐은 에마뉘엘에게 크리스티앙 다르냑Christian Dargnat을 소개해주었고, 다르냑은 이후 대선 자금 책임자로 일했다.

자크 아탈리는 "에마뉘엘은 나를 통해 위원회에 있는 모든 사람을 알았다"고 주장했다. 특히 네슬레 회장 피터 브라벡은 알고 몇 달 뒤, 에마뉘엘 마크롱이 근무하던 로스차일드 은행을 통해 소아 영양에 관한 대규모 거래를 했다. 브라벡 회장은 〈레제코〉에 "에마뉘엘의 지그시 바라보는 눈빛은 당신과 대화하는 것이 인생에서 가장 중요한 목적처럼 느껴지게 만든다"고 웃으며 고백했다.

자크 아탈리가 고약해 보여도 그는 확실히 에마뉘엘에게 사로잡혔고, 스타를 빼앗기고 가족사진이 빛바랜 것을 후회하는 듯했다. 그는 속았다고 말하지 않기 위해 시계의 시간을 다시 맞췄다. "에마뉘엘 마크롱은 특별한 역할을 맡았어요. 기술적이고 경쟁력 있는 팀의 책임자 역할이죠. 그는 회원이 결집하도록 했어요."

당시 야망의 작은 송곳니가 드러나기 시작한 것을 감지하지 못했을까? 아탈리는 감지했다고 같은 말을 되풀이했다. "위원회에 그를 들인 것도 나고, 사람들과 프랑수아 올랑드에게 소개한 것도 나예요. 그가 나에게 요청한 적은 없지만요. 나는 에마뉘엘을 장관으로 임명하라고 프랑수아 올랑드를 아주 귀찮게 했어요. 에마뉘엘이 원치 않았는데도 말이죠."

에마뉘엘이 그를 실망시켰지만, 자크 아탈리는 그의 첫인상을 반복해서 말하며 '그의 온순함, 빼어난 경쟁력, 명석함, 확실한 판단력, 하고자 하고 구체화하려는 의지'에 찬사를 보냈다. 2007년에 젊은 재무감독관이 보여준 이런 장점 덕분에 두 사람은 친구가 되었다. 그는 에마뉘엘과 밤새워 작업한 일, 특히 실업자 교육 관련 일을 기억했다. "나는 그처럼 능력 있지만 아첨하지 않고, 일하고자 하는 열망으로 가득 찬 사람과 일한 적이 별로 없어요."

자크 아탈리가 직접 비난한 나르시시즘, 일부 지도자들에게서 보이는 이 나르시시즘에 관해 질문했다. 그는 대답했다. "프랑수아 미테랑은 거대한 문화, 사회 프로젝트, 세계에 대한 비전이 있었어요. 이 나르시시즘은 나머지에 견줘 볼 때 지엽적일 뿐이에요. 나르시시즘이 부차적인 게 아니라면, 《파리 마치》의 사진만 있고 특별한 프로젝트가 없었다면 매우 큰 문제가 될 겁니다. 나는 그의 프로젝트를 기다려요. 나는 그에게 여러 번 이야기했어요."

에마뉘엘이 본인에게는 소명이 있으며, 자신을 넘어

서는 운명을 타고났다는 생각에 대해 자크 아탈리는 쓴소리를 하지 않았다. "운명을 타고났다는 느낌? 그건 당연해요. 응석받이도 그렇게 말할 수 있어요. 하지만 극단적으로 말하면 모든 것은 자기 할 탓이에요. 운명을 타고났다고 하면서 아무것도 하지 않는다면 정말 자기 탓이죠. 다시 말하지만 그를 찾아낸 건 나예요. 내가 그에게 대통령감이라고 말한 것도 사실이고요."

그 말을 했을 때 에마뉘엘이 뭐라고 대답했느냐는 질문에 그는 에둘러 말했다. "모르겠어요. 그는 항상 내 앞에서 겸손했어요. 내게 늘 존경을 표시했고, 내가 질책할 때도 그는 달랐어요. 그는 한 번도 내게 반대한 적이 없어요."

체제의 거룩한 삼위일체를 대표하는 사람들 중에서 알랭 멩크는 약간 다른 경우다. 그는 '인간희극'에서 웃는 수중 인형 같다. 조지 5세 대로에 위치한 그의 사무실에는 야망을 품은 수많은 사람과 국립행정학교 졸업생, 나르시시스트가 줄지어 방문한다. 그는 프랑스의 체제를 구축하는 데 참여했다. 알랭 멩크 자신이 체제의 일원이자 체제를 구현하고 있다.

1995년 시라크 지지자들이 그를 독특한 사고를 하는

눈부신 기수 중 하나라고 지명한 뒤, 구석에서 웃으며 '알랭 멩크는 체제 자체'라고 말하는 이들이 있다. 그러나 자기 혈통을 한 번도 부인한 적이 없는 이 혼혈아는 누구보다 프랑스식 능력주의의 아들이다. 그는 군중을 헤치고 오늘날 이 자리에 도달했고, 모든 줄을 끌어당길 수 있는 파리의 왕이 되었다. 그의 날카로운 분석력과 문화적 재능에 대해 빈정거리는 사람들도 있다. 그렇다고 해서 그가 사업가가 아닌 것은 아니다.

몇 년 전 그의 생일을 축하하기 위해 파리의 명사와 사업가, 변호사, 국립행정학교 출신 고급 관료, 미래의 재계 스타들이 한자리에 모였다. 일종의 힘을 과시하는 이 자리에서 그는 자신의 별이 약간 희미해졌음을 느꼈다. 멩크가 지지하는 대선 후보는 늘 패배한다는 말이 일상적으로 들렸다. 1995년 대선에서 자크 시라크 대신 에두아르 발라뒤르 후보를 선택하면서 이 농담이 생겼다.

알랭 멩크는 시라크가 '이성의 클럽'에서 벗어났다고 판단했다. 그는 틀리지 않았지만 에두아르 발라뒤르는 패배했다. 몇 년 뒤 니콜라 사르코지가 승리하여 그를 회복시켰지만, 그는 알랭 쥐페에게 모든 희망을 걸어 번지수가 틀린 전적이 있다. 알랭 쥐페는 20년 뒤 '이성의 클럽' 새 챔피언이 되었다.

2017년 1월, 그는 약간 당황하고 언짢았지만 정치 카드를 재분배하기 위해 아무도 자기를 찾아오지 않는 전례 없는 상황을 즐겼다. 구슬처럼 동그란 두 눈이 약간 일그러졌다. 그는 에마뉘엘 마크롱과 프랑수아 피용 사이에서 한동안 망설였다. 현재 그의 챔피언인 알랭 쥐페는 열외다. 눈빛을 반짝이며 이를 드러내고 웃었다.

프랑스 자본주의라는 탁한 물속에서 수영하도록 그가 도운 사람들이 돈을 뜯기는 것을 막지 못했다. 그보다 강했기 때문이다. 멩크는 좋게 말해서 지옥에 떨어졌다. 그는 막을 수 없었다. 그는 공직과 권력의 등용문에 들어가고 싶어 하는 이들에 대해 잘 안다. 에마뉘엘은 그를 잘 안다. 에마뉘엘은 멩크와 우정 어린 교류는 했지만 정치적인 교류는 하지 않았고, 그가 지적인 사람이라고 생각하지만 그와 거리를 유지하고 싶었던 것 같다. 에마뉘엘은 그가 판단력이 좋은 사람인지 의문스러웠다.

두 사람은 몇 년 전에 처음 대화를 나눴다. 알랭 멩크는 젊은 재무감독관들이 의례적으로 전직 재무감독관을 방문하는 자리에서 에마뉘엘을 만났다. 젊은 재무감독관들은 마치 젊은 작가가 선배 작가에게 하는 것처럼 장래를 탐색하기 위한 체크리스트를 만들고 선배들을 만난다. 알랭 멩크는 말했다. "젊은 재무감독관이 말하기를 민간 분야에서는 앙리 드 카스트리를, 정부 쪽에서는 장피에르 주에를, 나머지 분야에서는 나를 찾는다고 하더군요."

멩크는 에마뉘엘에게서 다른 것을 보았다. 그는 첫 만남을 기억한다. 그는 항상 자기를 만나러 오는 사람에게 통과의례처럼 같은 질문을 던지기 때문이다. "30년 뒤에는 무엇을 할 겁니까?" 이 질문에 에마뉘엘은 "나는 대통령이 될 것입니다"라고 답했다. 마티유 피가스도 비슷한 대답을 했다고 했다.

알랭 멩크는 지체 없이 카드를 무력하게 하는 이런 방식 외에도 에마뉘엘이 남다르고, 신속함과 매력이 극단적으로 섞였다고 회상했다. "그가 노인네를 다루는 수완은 잊을 수가 없어요. 그는 노인과 함께 지내는 재능이 있어요. 장미셸 다루아도 똑같은 이야기를 할 거예요. 그는 노인을 다룰 줄 안다니까요"라고 웃으며 말했다.

알랭 멩크는 마크롱에게 로스차일드에 입사하라고 조언해주었다고 한다. 바인베르그와 다루아도 같은 조언을 했다. 그는 에마뉘엘과 대화할 때 속았음을 기억했다. 일부 사람들이 그가 마르세유에서 출사표를 던진 일을 언급했다. 멩크가 점심 식사 때 마크롱에게 아이디어를 제시했고, 마크롱은 대답했다. "그것은 세상을 속이는 겁니다. 그런 방식은 이제 통하지 않아요. 너무 고전적인 방식입니다." 지금까지 가장 고전적이고 순응적인 방식으로 탁월한 선택을 해온 사람, 금융계와 함께 야망의 정점을 달리는 사람이 이런 말을 하다니 웃기는 대답이다.

메신느 거리에 있는 로스차일드 본사는 주의하지 않으면 못 보고 지나칠 수 있다. 8구의 조용한 도로에 위치한 이 건물은 몽소 공원에서 몇 미터 떨어졌고, 엘리제궁에서도 멀지 않다. 그러나 로스차일드임을 알리는 어떤 간판도 없다. 베이지 톤으로 차갑고 간결하게 꾸민 홀은 모던하다. 펠트가 깔린 사무실에 들어서면 빨간 벨벳으로 덮인 벽에 선조들의 초상이 걸렸다. 수십 년, 아니 수세기 전부터 예술을 가까이한 돈 많은 탐미주의자의 나름 신중한 매력과 부유함이 느껴진다.

다비드 드 로스차일드는 파리의 다른 장소에 있다. 기Guy와 마리엘렌Marie-Hélène의 장남인 다비드는 1981년 은행 국유화 이후, 은행을 모범적으로 재건했을 뿐만 아니라 은행가 자손에게 일종의 도덕적인 권위를 행사하면서 존경 받았다. 로스차일드는 정치와 사업이 섞인 특별한 은행이다. 이름이 브랜드이자 전설인 마지막 가족 은행이다.

로스차일드는 환상의 대상이기도 하다. 라이벌 라자르은행처럼 영향력 있는 장소이자 권력의 심장이기 때문이다. 로스차일드는 정부에 탁월한 안건을 제시하거나, 선거에서 패배하여 중단되거나 끝난 임무를 다시 받아들였다.

긴밀하게 뒤얽힌 관계는 조르주 퐁피두가 총리를 거쳐 대통령에 당선되면서 눈부시게 증명되었다. 1962년 《르 카나르 앙셰네》는 〈Pompidou, de l'écurie Rothschild, gagne le Grand Prix de Matignon로스차일드의 시종 퐁피두, 총리라는 상 획득〉이라는 기사에서 퐁피두가 총리로 임명된 것을 조롱했다. 퐁피두는 1954~1958년과 1959~1962년에 로스차일드의 최고경영자를 역임했고, 오늘날까지 로스차일드 출신 중 최고로 꼽힌다. 대통령이 되었기 때문이다.

에마뉘엘 마크롱이 엘리제궁의 경제수석비서관과 경제산업부 장관을 거쳐 2017년 대통령이 되었다는 사실은 로스차일드의 전통이 계속된다는 증거다. 세월이 흐르고 대통령은 바뀌었지만, 금융계의 특권은 여전하다.

로스차일드 공동경영자가 "최고 은행이 최고 인재를 끌어들이는 것은 정상이다"라고 말했듯이 비정상적인 것은 없다. 최고 은행이 국가에 가장 총명한 구성원을 공급하는 것도 정상이다.

에마뉘엘 마크롱이 엘리제궁에 들어갔을 때 프랑수아 페롤François Pérol[78]의 옛 사무실을 차지했다. 에마뉘엘이 전통을 반복한 셈이다. 2012년 대선에서 사르코지가 재선에 성공했다면 세바스티앙 프로토가 모든 주목을 한 몸에 받았을 것이다. 그도 총명한 재무감독관이었고, 에릭 뵈르트와 발레리 페크레스 장관 밑에서 일했으며, 그 유명한 동기인 세다르 상고르다.

파리의 유명 인사 가운데 다비드 드 로스차일드에게 '다비드'라고 이름을 부르며 말을 놓는 이는 거의 없다. 매력적이고 세련된 그는 사교계 만찬이나 자선 행사에 자주 나가지 않는다. 그는 아버지 기가 그랬듯이 큰 무도회를 열지도 않는다. 시대가 바뀌었다. 그는 부드러

---

78 사르코지 대통령 때 경제 담당 비서실 차장을 지낸 금융인. 2004년 로스차일드에 입사했다가 2007년 엘리제궁으로 갔다.

운 목소리와 흉내 낼 수 없는 악센트로 말한다. 그의 악센트를 속물적이라고 말하는 이들도 있다. 정중하고 친절하며 상냥한 그는 프랑스 40대 상장 기업CAC 40의 최고경영자와 정치인, 지성인을 집으로 초대하여 점심 식사를 한다. 그는 정말로 매력적이다.

브리지트 마크롱은 다비드를 신사 중의 신사라고 향수에 젖어 회상했다. 그녀는 남편이 안락한 둥지인 은행을 떠나는 것을 원치 않았다. 에마뉘엘 마크롱은 다비드를 '형님'이라고 말한다. 또 다른 형님이다. 누가 사탄이라고 표현하는 사람과 이런 관계에 있다고 주장하는 것은 용감하다고 인정해줄 필요가 있다. 프랑수아 올랑드는 부르제 연설에서 금융계를 적으로 간주하며 쓰러뜨리고 싶다고 했다.

"에마뉘엘이 형님이라고 했다고요?" 다비드 드 로스차일드는 놀란 척하며 물었다. 그리고 증언했다. "나는 그에게 애정이 많아요. 그는 은행에서 일한 경력을 부인하지 않았죠. 그는 이곳에서 일한 경험이 매우 유용했고, 기업계를 알게 도와주었다고 말했어요." 알랭 멩크가 웃으며 "다비드는 마크롱의 매력에 빠졌다"고 말한 게 사실이다.

다비드 드 로스차일드는 모던하지만 선조의 그림 대

신 아버지 사진이 걸린 응접실 옆에 달린 작은 주방에서 손수 커피를 준비하며 질문에 답했다. 반쯤 감긴 눈동자, 아버지와 똑같은(그의 동생 에두아르Édouard도 똑같다) 이 특별한 눈빛으로 그는 야망에 찬 여러 세대 사람들이, 파리를 정복하고 싶어 하며 날카로운 이빨을 드러내는 지방 출신 젊은 늑대들이 이 사무실을 거쳐 가는 것을 보았다. 그는 이 금융의 신전에 나타난 흥겨운 정치 신인을 보았다. 그는 사람과 상황을 분석할 줄 알고, 아버지의 친한 친구 조르주 퐁피두도 잘 안다.

문학계나 학계에 몸담을 것처럼 보이던 에마뉘엘이 왜 은행을 직장으로 선택했을까? 작가이자 언론인 마르틴 오랑주Martine Orange가 쓴 책《Rothschild, une banque au pouvoir로스차일드, 권력의 은행》에 따르면 에마뉘엘은 로스차일드 은행에서 일한 경험을 매우 소중하게 생각하며, 자신을 이해해주는 곳은 로스차일드밖에 없었다고 했다.

2017년 2월 24일, 인기 방송을 갈망하는 RMC 라디오에서 에마뉘엘은 "나는 직업을 가졌던 것을 자랑스럽게 생각합니다"라고 농담조로 말했다. 가끔 '비열한 급진적 자유주의 은행가'처럼 머리를 흐트러뜨리며 은행에 대해 빈정거리기도 했다. 그가 옛 직업에 대해 언급하거나 주장할 때, 반드시 아부하는 발언을 하지는 않았다. 그는 〈월스트리트저널Wall Street Journal〉과 인터뷰할 때 "은행가는 일종의 매춘부예요. 유혹하는 직업이죠"라고 말했다. 유혹은 마크롱의 전문 분야다. 마크롱은 의자도 유혹할 수 있다. 몇 년 전 그는 마르틴 오랑주에게 자기 직업에 대해 말했다. "은행 업무를 매우 이지적이라고 할 수는 없어요. 은행계에서는 모방이 길잡이 역할을 합니다."

에마뉘엘이 채용된 상황은 여러 번 언급했다. 다비드 드 로스차일드는 측근들에게 이 젊은 수재를 추천받았다고 했다. 그 측근은 세르주 바인베르그, 다비드의 조카 베티나 랭스와 그녀의 남편 장미셸 다루아, 자크 아탈리 등으로 모두 아탈리위원회에서 안 사람들이다. 요약하면 '뛰어난 청년이 한 명 있다. 그가 은행계에서 일할 수 있는지 묻는다. 그를 만나볼 의향이 있는가?'라는 메시지가 전달된 것이다.

다비드 드 로스차일드는 에마뉘엘의 입사 과정을 다음과 같이 말했다. "첫 만남에서 총명하고 매력적인 청년이라는 걸 눈치챘어요. 나는 에마뉘엘에게 내 동료, 즉 중요 기업인들을 반드시 만나보라고 했어요. 에마뉘엘의 채용에는 합의 과정이 필요했거든요. 결과는 만장

일치였어요. 에마뉘엘의 입사는 짧고, 변수가 많은 합의 과정이지만 열정적이었어요." 프랑수아 앙로와 그레구아르 셰르토에 따르면, 그는 말과 달리 에마뉘엘이 채용되도록 호소했다고 한다.

다비드 드 로스차일드는 "에마뉘엘을 다시 만나 빠른 승진을 보장했어요"라고 말했다. 고속 승진 코스였다. 그레구아르 셰르토도 매우 젊을 때 경영자가 되었고, 세바스티앙 프로토 역시 마찬가지였다.

마크롱이 은행에 입사했을 때 기술적인 지식은 없었다. 다비드 드 로스차일드는 이에 대해 다음과 같이 말했다. "우리 직업에서는 기술적인 기반이 중요하지만, 상업에 대한 집념과 집중하는 능력 또한 중요합니다. 어떤 이들은 재능과 매력, 수완, 능력 덕분에 기술을 마스터하지 않고도 직업에 필요한 요소를 재빠르게 습득하죠." 위풍당당한 젊은이가 질투하고 딴죽을 거는 이들이 있는데도 모든 사람에게 자기 매력을 발산하고, 모두 탐내는 자리를 차지한 경우는 확실히 처음이다.

이런 질문을 해본다. 에마뉘엘 마크롱은 경제산업부 장관 시절 젊은이들에게 억만장자가 되라고 격려했다. 이는 본인이 고위직 공무원으로서 잘 벌었고, 엄청난 돈을 다루는 세계에 도취되었기에 하는 말이 아니었을까? 아니다. 적어도 정치계에 진출하기 이전 시점에는 아니었다.

다비드는 에마뉘엘이 그랬다면 은행의 경영자로 남아 라자르은행의 앙드레 메이에André Meyer와 같은 커리어를 쌓고 싶어 했을 것이라고 말했다. "에마뉘엘에게 돈은 동기가 아니에요. 그는 어느 순간에도 누구처럼 거만을 떨며 로스차일드보다 로스차일드인 척하지 않았어요." 다비드는 웃으며 그것이 로스차일드 은행의 문화는 아니라고 덧붙였다. 그는 은행에서 일하고 싶어 하는 이들에게 고하듯이 말했다. "권력 있는 직업을 원하면 은행에 들어와선 안 됩니다. 여기는 하인밖에 없어요. 당신이 이를 좋아하지 않으면 다양한 계층 사람들의 비밀을 지키는 상담 역할이 주는 은근한 영향력을 즐길 수 없을 거예요. 어떤 이들에게는 이런 점이 중요한 기관의 수장이 되는 것보다 훨씬 큰 쾌감을 주거든요. 이해가 되지 않으면 은행에 오지 말아야 해요."

에마뉘엘 마크롱은 로스차일드 은행에서 일하고, 배우고, 사람들을 만나고, 수많은 사업에 관여했다. 다비드는 에마뉘엘이 초반에는 최고 직원이 아니었다고 했다. "은행에서 10년 동안 일한 직원의 매출 총액을 넘지 못했죠. 에마뉘엘 마크롱은 은행을 떠나던 해인 2012년에 매우 큰 거래를 성사했어요."

네슬레가 다논Danone[79]을 제치고 파이저Pfizer[80]의 소아 영양 부문을 119억 달러에 분할 인수한 거래다. 은행은 에마뉘엘과 브라벡의 친분 덕분에 2012년 4월 중순, 계약을 체결했다. 브라벡은 이론의 여지없이 에마뉘엘의 추종자다. 브라벡이 좋은 점수를 안겨서 에마뉘엘은 프랑수아 올랑드의 경제 프로그램 테스트를 통과할 수 있었다.

다비드는 사회당 후보 올랑드가 대선에서 승리하면 이 영리한 친구를 곁에 두리라는 것을 재빨리 알아챘다. "프랑수아 페롤이 은행에 있을 때도 논쟁은 없었어요. 대통령 후보자와 가까운 사람은 그 후보가 당선되면 은행을 떠나죠." 다비드는 덧붙였다. "프랑수아 올랑드와 에마뉘엘의 관계를 보면서 에마뉘엘이 엘리제궁에 들어가리라 예상했어요." 은행가는 확실히 돈벌이가 되는 서비스직이지만, 에마뉘엘에게 걸맞지 않았나 보다.

---

79 프랑스 파리에 본사를 둔 다국적 식음료 기업.

80 미국의 세계적인 제약 회사.

사교계와
셀럽

　　"왜 《파리 마치》냐고? 이유는 단순해. 내 인지도를 올릴 시간이 부족했거든." 처음 브리지트와 함께 찍은 커플 사진이 대중 주간지의 표지를 장식하고 얼마 뒤, 한 은행가인 친구를 만난 에마뉘엘 마크롱은 겁에 질린 처녀처럼 굴지 않았다. 이 점에 관해 TV 스튜디오에서 질문 받았을 때도 마찬가지다.

　쾌활하고 젊은 로스차일드 은행가이던 에마뉘엘은 장관이 되기 전부터 불빛에 나방이 몰려들 듯 미디어의 관심을 받았다. 그가 엘리제궁의 경제수석비서관으로 임명되었을 때, 자비에 니엘이 에마뉘엘에게 기업 활성화를 위한 모임으로 프랑스 40대 기업의 지도자나 기술·경제 경영자와 만남을 주선했을 때, 그는 수많은 인터뷰에 응했다. 그리고 자발적으로 카메라 앞에서 재킷을 벗고 바닥에 책상다리로 앉아 포즈를 취했다. 이보다 쿨할 수 있을까?

일간지 〈리베라시옹〉이 '엘리제의 아기 인형'(그레구아르 비소Grégoire Biseau의 기사 〈Avec Macron, l'Élysée décroche le poupon엘리제는 마크롱과 함께 아기 인형을 얻다〉에 등장)이라고 별명을 붙이면서 에마뉘엘은 한순간에 유명인이 되었다. 프랑수아 올랑드가 대선에서 승리한 뒤에는 귀엽고 사랑스럽다는 뜻인 담긴 '프티 마크롱'이라고 불렸다. 그가 유로 위기 같은 민감한 사안을 포함해 경제문제를 책임지고 있을 뿐만 아니라 젊고, 머리가 좋고, 사진이 잘 받기 때문이다. 그가 기사에서 여러 번 말했듯이 로스차일드 월급의 10분의 1만 받으며, 그림자에 숨은 무명의 조언자처럼 일하는 것 같지는 않았다. 그는 은행가로 일한 4년 동안 상류사회와 가깝게 지내며 간단히 그곳에 합류했다.

한동안 에마뉘엘은 제도권 언론에 혼자 등장했다. 그는 대중지의 고객이 아니었다. 이제 막 등장한 이 부부에 대한 호기심은 많았지만, 아직 대중지의 타깃은 아니었다. 그는 만나는 기자들에게 나이를 강조하지 말라고 가끔 요청했다. 하지만 그가 경제산업부 장관으로 취임한 뒤에는 금방 대중지의 먹잇감이 되었다. 그가 등장하기 몇 년 전, 니콜라 사르코지 대통령 시절에 경제산업부를 거쳐 간 사람이 있었다. 비슷한 '스타 정치학'을 펼친 사람이지만, 금방 잊혔다.

에마뉘엘 마크롱은 인지도를 넓히는 데 자기 부부가 중요한 자산이라는 점을 재빨리 깨달았다. 예전에 세실리아Cécilia와 니콜라 사르코지 부부가 상대방 없이는 못 사는 충성스런 부부의 이미지를 보여준 것처럼, 에마뉘엘도 자기 부부의 이미지를 팔았다. 호기심을 자극하는 이 부부는 계산된 데이트와 도발적인 언사로 방송 채널과 SNS에 화제를 뿌리며, 인지도와 인기를 기록적으로 끌어올렸다.

프랑수아자비에 부르모François-Xavier Bourmaud가 쓴 책 《Macron, l'invité surprise마크롱, 놀라운 손님》에서 여론조사 기관 IFOP의 여론 담당자 제롬 푸케Jérôme Fourquet는 다음과 같이 밝혔다. "2014년 10월부터 2015년 2월까지 에마뉘엘 마크롱을 모르는 프랑스인은 47퍼센트에서 18퍼센트로 줄었다. 몇 달 만에 30퍼센트 가까운 인지도를 얻은 것은 참으로 예외적인 일이다."

에마뉘엘 마크롱이 프랑스 국민에게 인지도를 높이는 신기록을 세운 것은 장관 시절 행동 때문이다. 그는 헛발질에도 책임지는 모습을 보였다. 가드라는 회사의 문맹 노동자들을 만났을 때 한 노동자가 그의 명품 양복을 비난하자, 그는 "좋은 양복을 사는 가장 좋은 방법은 일하는 것"이라고 대답했다. 그는 학업과 결단력 덕분에 사적인 삶과 공적인 삶에서 관행을 깨뜨리고, 보수주의를 체계적으로 쓰러뜨리려고 노력했다.

홍보 측면에서 에마뉘엘 마크롱은 전임자들에 비해 그리 혁신적이지 못했다. 그는 새로운 정치를 하고 싶고, 정치계의 이단아가 되고 싶었기에 주간지 《파리 마치》 표지를 커플 사진으로 장식했다. 이 잡지에서 브리지트 마크롱은 언론인 카롤린 피고지에게 속내를 털어놓았는데, 이 때문에 조롱을 받았다. 장관은 모든 것을 명백히 밝혀야 할 의무가 있는 만큼, 그는 아내와 잘 지낸다는 인상을 주기 위해 노력했다. 그는 "내게 가장 소중한 것은 우리 부부, 나의 가족입니다. 우리 부부를 드러내는 것은 전략적인 확대재생산이 아닙니다. 오해이며, 내가 전적으로 책임지겠습니다"라고 말했다.

형식적인 면에서 훨씬 혁신적인 정치인이 있었다. 기사 내용이 흥미롭고 브지리트 마크롱에 관한 궁금증에 대답해줄지라도, 이는 완전히 낡고 진부한 소통 수단이다. 지난 세대의 것, 옛날 정치계 선배들이 TV의 아이들이던 시절의 방식이지 인터넷 시대의 방식이 아니다. 그렇다면 에마뉘엘 마크롱이 현대적이라는 것은 허위일까?

프랑수아 올랑드의 미디어 자문 가스파르 간체는 이런 점에 대해 놀라지 않았다. 그는 새로운 정치 세대의 구현으로 여겨지는 에마뉘엘이 실은 트위터나 페이스북 계정이 없고, 접속하지도 않으며 경제산업부 장관에 임명되었다고 웃으며 말했다. 에마뉘엘의 동년배에게는 상당히 놀라운 점이다.

이 부부는 노출하지 않겠다는 약속과 달리, 사진가 세계에서 '가짜 파파라치'라 불리는 이들의 타깃이 되었다. 부부는 5개월 뒤 《파리 마치》에 다시 등장했다. 이번에는 놀랍게도 휴양도시 비아리츠Biarritz에서 수영복 차림으로 휴가를 보내는 사진이었다.

미래의 대통령 후보 에마뉘엘은 사실상 후보로서 올라야 할 시험대를 피할 수 없다는 걸 잘 알았다. 브리지트도 마찬가지다. 브리지트는 그림자에서 갑자기 빛으로 변한 점에 대해 워털루전투에 견줄 만한 첫 활약이라고 평가하며 다음과 같이 말했다. "프랑스 국민은 대통령 선거에서 부부를 뽑기 때문에 필요한 일이었어요. 지방에 가면 사람들은 나를 보고 싶어 합니다. 사람들은 우리 부부를 좋게 보고, 그는 책임감 있고 가정에 충실하다고 내게 말하죠."

부부는 대중과 미디어와 접촉을 강화하기 위해 미미 마르샹드Mimi Marchand라는 여성과 함께 일했다. 브리지트는 "그녀가 내게 만나자고 했어요. 그녀가 우리 부부의 이미지를 담당합니다"라고 밝혔다. 언론과 SNS에 공급하는 사진은 사진작가 소아지그 드 라 무아소니에르Soazig de la Moissonnière가 담당한다. 에마뉘엘 마크롱과 브리지트는 노출하지 않겠다고 맹세했지만, 필요한 경우 디테일 하나까지 소홀히 하지 않았다는 것을 보여준다.

사람들이 미미 마르샹드라 부르는 미셸 마르샹드Michèle Marchand는 퓨어피플Purpeople 사이트의 공동 창립자이자, 베스트이미지Bestimage의 경영자다. 베스트이미지는 홈페이지에서 쓰인 대로 "프랑스를 비롯한 전 세계 아름다운 셀럽의 현재 모습을 매일 관찰하고 취재"하는 유명인 사진 전문 에이전시다. 명사의 그림자 여왕이자 진정한 명사인 그녀는 파리에서 가장 큰 주소록을 가졌다. 그녀의 주소록에는 정계, 사업계, 연예계 인물의 연락처가 수록되었다.

미미 마르샹드는 가예 스캔들[81]을 터뜨린 주간지 《클

---

81 여배우 줄리 가예와 프랑수아 올랑드 대통령의 스캔들.

로저Closer》에 사진을 제공했다. 그녀는 고객에게 언론과 인터넷상에 '자사의 사진'을 공급할 것을 보장한다. 그녀의 친구 중 한 기업가는 말했다. "미미는 시중에 돌아다니는 사진을 분류합니다. 거북스럽고 좋지 않은 이미지가 생기면 그녀가 환상적인 방법으로 문제를 해결해요. 필요할 때는 훔친 가짜 사진으로 기획하기도 합니다."

〈르몽드〉는 2014년 2월 21일 기사에서 이 영향력 있는 여성에게 '파파라치계의 마타하리'란 별명을 붙여주었다. 그리고 "파리에서 할리우드까지 모든 유명 인사의 사생활에 대해 가장 많은 정보를 보유하고 있으며, 전문적이고 확실한 정보원이다"라고 묘사했다. 그녀는 에마뉘엘과 브리지트의 사진을 관리한다. 미디어의 솔직함이란 결국 상대적인 것이다.

미미 마르샹드는 '아름다운 셀럽' 전문가로서 마크롱 부부의 이미지를 관리하지만, 마크롱의 모든 소통을 담당하지는 않는다. 그녀가 이런 일을 하게 된 것은 몇 년 전부터 '정치 스타'라는 새로운 틈새시장이 엄청난 상승세를 탔기 때문이다. 이에 대해 에마뉘엘 마크롱은 언론사에 요청한 적이 없으며, 잘 팔린다 해도 자신과 상관없는 일이라고 니콜라 사르코지와 똑같이 설명했다.

리쾨르의 제자이자 철학자로 소개되던 정치인에게서 상상하지 못한 모습을 보고 싶어 하는 사교계의 취향 때문이기도 하다.

마크롱은 최고 학교에서 탁월한 성적을 기록한 덕분에 금융·경제 기관의 문을 열 수 있었던 것처럼, 연예계와 사교계에 스며들 줄도 알았다. 그는 이번에 젊은 대부 파스칼 우즐로Pascal Houzelot의 도움을 받았다.

우즐로는 대단한 인물이다. 그는 기업가이자 언론인이며, 오랫동안 TF1 방송국의 저널리스트 에티엔 무제오트Étienne Mougeotte의 오른팔이었고, 발자크의 소설 《고리오 영감》에 나오는 라스티냐크가 부러워할 인맥 주소록을 가졌다. Pink TV와 Numéro 23 채널을 개설했으며, 에이즈 반대 운동과 동성 간 결혼 합법화 운동 활동가이기도 하다. 주간지 《렉스프레스L'Expresse》는 르노 르벨Renaud Revel이 쓴 〈Le corsaire du PAF프랑스 방송계의 해적〉이란 기사에서 우즐로를 '사업계의 피터 팬, 로비와 사교술의 왕'이라고 설명했다.

우즐로는 친구에게 진심 어린 충정과 친절을 보이는 점 외에도 특별한 장점이 있다. 그는 예술계든 경제계든 정계든 앞으로 뜰 스타를 남들보다 먼저 알아본다. 대개는 그들과 친구가 되고, 강변에 있는 자기 아파트에 정기적으로 초대한다. 저녁 식사에 초대되는 친구는 그가 정계에 있을 때나 로비스트일 때 안 이들로, TV 프로듀서 안느 마르카쉬스Anne Marcassus, 사업가 발레리 베르니 Valérie Bernis와 남편 프랑크 장탱Frank Gentin, 아나운서 클레르 샤잘Claire Chazal이 있다. 마티유 피가스, 자비에 니엘, 델핀 아르노, 가수 린 르노Line Renaud, 피에르 베르제 Pierre Bergé도 점차 그 자리에 모였다.

자비에 니엘에 따르면 파스칼 우즐로는 베르제와 니엘, 피가스가 〈르몽드〉의 지배권을 잡은 지 석 달쯤 뒤에 떠오르는 젊은 은행가 에마뉘엘 마크롱을 만났다고 한다. 마크롱이 로스차일드에 근무하던 시절이다. 그들은 바야르 거리에 있는 일식당 하나와에서 점심 식사를 했다. 점심때면 방송계와 경제계 스타들이 모이는 식당이다.

마크롱이 엘리제궁 경제수석비서관이 되고 장관이 되었을 때도 두 사람은 계속 연락하고 점심을 함께 했으며(한 번은 그의 집에서, 한 번은 프랑수아 올랑드, 발레리 트리에르바일레르 커플과 함께 15구의 아파트에서) 저녁도 함께 했다. 넷이서 함께 하거나, 때로는 브리지트와 니엘의 아내 델핀 아르노도 참석했다. 델핀 아르노는 루이 비통의 부사장이다. 브리지트 마크롱이 얼마

전부터 모델처럼 루이 비통 옷을 토털룩으로 입고 과시한 이유는 그녀 때문일 것이다.

니엘은 장관이 된 마크롱에게 수많은 기술 기업과 스타트업 경영자를 비롯해 그가 잘 알지 못하는 세계의 사람들을 소개했다. 마크롱은 니엘의 소개로 스냅챗Snapchat의 오너인 젊은 억만장자 에반 스피겔Evan Spiegel도 만났다. 마크롱은 에반 스피겔의 집에서 나오며 줄지어 기다리는 파파라치를 보고 놀랐다. 마크롱은 "그들이 나를 찍으러 온 것이 아니라 미란다 커Miranda Kerr를 찍으러 온 것임을 깨닫기 전까지 나는 그토록 많은 파파라치를 본 적이 없다"고 말했다. 오스트레일리아 출신 톱 모델 미란다 커는 스피겔의 약혼녀다.

마크롱은 이제 스포트라이트 받는 것도, 연예계의 멘토와 가깝게 지내는 것도 싫어하지 않는다. 이에 대해 자크 아탈리는 마크롱이 노벨상 수상자만 초청하는 게 아니라고 빈정거렸다.

마크롱 부부는 조금씩 잡지의 셀럽란에 등장하기 시작했다. 이는 취향이나 전략적인 선택에 따른 것이겠지만, 그들이 오랫동안 소외되어 살아왔고 다르다는 이유로 따돌림 당했기 때문이기도 할 것이다. 마크롱 부부는 연극에 초대되고, 마크롱을 '젊은 시라크'라고 보는 가수 린 르노의 생일에 초대 받아 가수 조니Johnny와 라이티샤 알리데이Læticia Hallyday 부부, 배우 뮈리엘 로빈Muriel Robin과 바네사 파라디Vanessa Paradis, 진행자 스테판 번 옆에서 같이 촛불을 불었다.

부부는 파리지엥의 삶이라는 회오리바람에 실려 도취되었을까? 에마뉘엘 마크롱도 자크 시라크와 니콜라 사르코지처럼 프랑스인에게 인기 있는 유명인 옆에 서는 것을 싫어하지 않았다. 브리지트는 "우리는 린 르노와 매우 친하다. 우리는 2년 전 서로 첫눈에 반했다. 포기를 모르는 그녀는 항상 훌륭하다"고 말했다. 태양 아래 새로운 것은 없다지만, 하나 있다면 그 전략에는 돈이 필요하다. 시라크의 친구인 린 르노는 몇 달 뒤, 대선에서 마크롱을 지지하겠다고 선언했다.

마크롱 부부도 많은 비난을 받은 니콜라 사르코지처럼 장관 시절, 연예계 인사들과 만나고 함께 식사했다. 부부는 파브리스 루치니와 가까워졌다. 그는 에마뉘엘이 《Révolution》 집필을 마칠 수 있도록 레Ré 섬에 있는 자기 집을 빌려주었다. 파브리스 루치니와 가까워진 계기에 대해 브리지트는 다음과 같이 회고했다.

"에마뉘엘과 함께 파브리스 루치니가 출연한 영화 〈마담 보바리Gemma Bovery〉를 보러 갔어요. 영화관에서 나올 때 에마뉘엘이 '파브리스 루치니를 꼭 만나보고 싶다'고 했는데, 며칠 뒤 그 영화를 제작한 마티유 타로 Matthieu Tarot가 장관실에 전화해 루치니가 에마뉘엘을 만나고 싶어 한다는 말을 전했대요. 루치니는 저녁 식사를 하러 사무실에 들어서자마자 외투를 벗어 던지며 '잘 지내셨나요?' 하고는, 에마뉘엘과 함께 퓌레François Furet[82]와 랭보Arthur Rimbaud[83]에 대해 이야기했다고 해요. 오래 전부터 친구 사이인 것처럼 말이에요."

마크롱 부부는 경제산업부 장관 시절 많은 이들을 초대하기도 했고, 시내에서 배우, 정치인, 경제인 등과 함께 저녁 식사를 했다. 배우 기욤 갈리엔Guillaume Gallienne과 에릭 뤼프Éric Ruf, 벨기에 출신이자 코메디프랑세즈Comédie-Française[84] 소속 배우 크리스티앙 엑크Christian Hecq, 영화감독 다니엘 톰슨Danièle Thompson, 영화 프로듀서 알베르 코스키Albert Koski, 배우 프랑수아 클루제 François Cluzet 등과 함께 저녁 식사를 했다. 에마뉘엘은

---

82 《프랑스혁명사La Révolution française》를 쓴 프랑스의 역사학자.

83 근대 시에 큰 영향을 미친 천재 시인.

84 파리에 있는 프랑스 국립극장. 프랑스 고전극의 전통을 지켜온 몰리에르의 이름을 붙여 '몰리에르의 집'이라고도 한다.

크리스티앙 엑크와 특히 친하며, 그를 사랑한다고 말했다.

때로는 장피에르 주에 같은 정치인, 마크 라샤리에르 Marc Ladreit de Lacharrière 같은 기업인과도 함께 식사했다. 그들은 선거운동에 합류했고, 모두 편하게 말을 놓았다. 마크롱 부부는 작가 필립 베송과 함께 유명 아나운서 클레르 샤잘의 집에 저녁 초대를 받았다. 그는 필립 베송과 친한 친구가 되었고, 그들은 파리의 명사와 어울리는 생활을 즐겼다.

새로운 정치를 하겠다고 주장하는 에마뉘엘 마크롱은 이런 점에서 선배인 자크 시라크와 니콜라 사르코지를 모방하는 것처럼 보인다. 그는 온 힘을 다해 인간관계를 맺고, 교류하고 초대하고 유혹한다. 스테판 번은 그의 새로운 친구 중 하나다. 에마뉘엘은 어느 날 상원 의사당 근처에서 사고가 날 뻔했다. 그때 스테판 번이 "장관, 조심하십시오!"라고 말했다. "스테판 번, 내 아내가 당신을 아주 좋아합니다. 휴대폰 번호를 알려주세요." 이렇게 브리지트는 좋은 구실이 된다. 일부 측근에 따르면 그녀야말로 '유명인 사귀기'를 누구보다 좋아한다고 한다.

에마뉘엘은 이런 과시 덕분에 로스차일드 은행원 출

신이라는 꼬리표를 떼고, 다양한 대중에게 다가갈 수 있었다. 마크 앙드벨드가 《L'Ambigu Monsieur Macron》에서 밝혔듯이, 에마뉘엘은 우아즈 시청에서 인턴으로 근무할 때도 그 도시의 아코디언 스타 앙드레 베르슈렌d'André Verchuren과 친했다고 한다.

브리지트에 따르면 그는 일하면서 글렌 굴드Glenn Gould가 연주하는 바흐Johann Sebastian Bach의 〈골드베르크 변주곡Goldberg Variations〉을 자주 듣는다고 한다. 그는 가수 조 다상Joe Dassin[85]을 좋아하고, 조니와 아즈나부르의 노래를 암기한다. "그는 아즈나부르의 노래 〈Je suis un homo, comme ils disent그들이 말하는 것처럼 나는 호모다〉를 즐겨 부른다. 사실 그는 요즘 노래는 모른다. 그는 자크 브렐Jacques Brel[86]에서 멈췄다."

마크롱의 매력에 사로잡힌 스테판 번은 마크롱 부부는 예술가를 좋아하고, 책을 읽고, 영화와 연극을 보러 다닌다고 말했다. 마크롱 부부가 장관 시절 저녁 식사

---

[85] 컨트리음악을 샹송에 접목한 미국 출신 가수.

[86] 대표곡 〈Ne Me Quitte Pas떠나지 말아요〉로 널리 알려진 가수 겸 영화배우. 1929년에서 태어나 1978년에 사망했다.

에 초대했을 때 스테판은 "매우 편안하고 다정한 저녁이었어요. 그는 매우 진솔했고요"라고 말했다. 프랑스인이 좋아하는 진행자 스테판 번은 2016년 6월, 자신이 복원한 티롱-가르데Thiron-Gardais 왕립 대학 개교식에 마크롱을 초대했다.

두 남자는 프랑스 왕조가 남긴 흔적에 대해 각자의 방식으로 의미를 부여했다. 한 사람은 군주제라는 나비 곁에 있는 장미꽃처럼 활짝 핀 여러 왕을 친구로 두었다. 다른 사람은 프랑스혁명 이후 프랑스 정치사에서 왕의 부재가 가져온 반향을 지적했다. 두 사람은 강한 동기에 자극받아 오를레앙에서 잔 다르크 축제를 열었다.

"나는 에마뉘엘에게 '우리가 살면서 겪는 가장 매혹적인 경험이 될 것이다. 50만 명이 당신을 보러, 당신의 이야기를 들으러 광장에 올 것이다. 아이들이 당신에게 안길 것이다. 환상적이지 않은가'라고 말했어요." 에마뉘엘은 참으로 좋아했다. 그는 체제를 무너뜨리고, 나라를 결집한 영웅 잔 다르크를 찬양하며 자기 인생 여정을 이야기하는 연설을 했다. 쇼 비즈니스의 시대 이전의 영웅이다.

정치적
미확인비행물체UFO

　　"당신이 하는 모든 일은 결국 외할머니를 위한 건가요?" 우리는 10여 분 전부터 에마뉘엘 마크롱의 자동차 뒷좌석에 앉아 있었다. 그는 마옌Mayenne 주에서 오랜 시간 농장을 방문하고 나온 참이었다. 그는 손수건으로 바짓단과 구두에 묻은 진흙을 닦았다. 농장에 가기에는 부적당한 차림이었다. 그는 놀란 듯했다. 창문 너머를 바라보는 눈길은 갈 길을 잃은 채 "아마도 맞을 거예요"라고 중얼거렸다. 이어 "모든 것이 그럴 거예요"라고 고백했다. 그는 외할머니를 위해서 그렇게 했다.

　　마크롱이 집회에서 가끔 언급하는 외할머니 마네트는 그가 엘리제궁에 들어간 뒤 돌아가셨다. "나는 외할머니가 그때 어떻게 지내셨는지 몰라요. 아마도 걱정을 많이 하셨을 거예요." 운명에 대한 확신을 가진 건 외할머니의 영향이 아닌가? 그는 약간 쉰 듯한 목소리를 가다듬고 부드러운 목소리로 대답했다.

"외할머니는 내가 운명을 타고났다는 생각으로 나를 교육한 적이 없어요. 그러나 그분은 운명을 갖도록 대비하게 해주셨죠. 그분은 엄격하셨지만 맹목적으로 나를 사랑해주셨어요. 인생에서 받기 힘든 참사랑을 주셨죠." 약간 감정에 북받친 에마뉘엘 마크롱은 들릴락 말락 한 목소리로 말했다. "덕분에 해방될 수 있었어요. 내가 엄청난 행운을 잡은 것은 사실이에요. 덕분에 막대한 자신감과 믿기 힘든 자유를 얻었죠. 동시에 의무도 짊어졌어요. 내 행위로 소유한 자유는 잘해야 한다는 의무감도 준다고 늘 생각합니다."

그는 마른기침을 했다. "외할머니도 그러셨어요. 나는 외할머니가 세상을 떠나신 뒤에 이 전쟁을 시작했어요. 그분은 아마도 미쳤다고 생각하셨을 거예요." 목소리가 잠겨서 어린애처럼 들렸다. 그는 이렇게 결말을 맺었다. "하지만 외할머니는 내가 하도록 내버려두셨을 거예요."

감정이 누그러지게 만드는 고백이다. 외할머니와 한 번도 이런 가정을 논의해보지 않았지만, 그는 확신했다. 그분은 항상 그가 정치를 할 것이라고, 공적인 행동을 할 것임을 아셨다고 확신했다. 그의 부드러운 목소리는 이제 거의 어린애 목소리처럼 되었다. "나는 외할머니에게 나의 계획은 이거라고 이야기한 적이 없어요."

에마뉘엘 마크롱은 엘리제궁의 경제수석비서관으로 재직하던 2013년, 외할머니가 돌아가시면서 프랑수아 올랑드와 절교한다. 당시 그는 황폐해졌다. 브리지트가 남편의 친구들에게 전화해서 와달라고 요청했을 정도다. 한 친구는 에마뉘엘이 감정에 북받쳐서 "이제 올랑드와는 끝났다"고 말한 것을 기억했다.

에마뉘엘은 친구에게 소중한 사람의 죽음을 알렸을 때 올랑드가 보인 반응을 설명했다. 올랑드는 "네 외할머니가 돌아가셨다니 슬프다. 나도 우리 할머니가 돌아가셨을 때 슬펐다"고 진부하게 말했다. 그는 프랑수아 올랑드 대통령이 얼마나 무심한지 깨달았다. 마크롱은 "거짓말이 아니다. 외할머니의 부고를 전했을 때 프랑수아 올랑드가 보여준 반응, 나는 지금까지 그런 반응을 본 적이 없다"고 말했다. 친구는 "은혜를 입었다 생각하지 말고 지금부터 너도 올랑드를 똑같이 대하라"고 조언했다. 몇 달 뒤 에마뉘엘은 정말 그렇게 했다.

정치의 운명은 무엇에 달렸는가!

알려진 것과 달리, 에마뉘엘 마크롱은 오래전부터 대통령을 꿈꾼 듯 보인다. 국립행정학교 준비반 시절부터 오랜 친구인 마크 페라시가 말했다. "에마뉘엘은 자신의 책임감, 인생, 경력에 일찌감치 정치라는 계획을 세웠어요." 마크롱 부부의 결혼식 증인인 마크는 회상했다. "그가 로스차일드에 입사하기로 결심했을 때, 우리는 그에게 프랑스 같은 나라에서는 이 경력이 언젠가 문제가 될 수 있다고 여러 번 말했어요. 그는 반대로 이 점이 자기에게 재정적인 자유를 줄 수 있을 거라고 대답했어요."

정계에서 부각되고 싶은 에마뉘엘 마크롱은 깊은 불신을 의식하는 만큼 자신의 정치 데뷔를 강조하지 않는 방법을 택했다. 그들이 주말마다 돌아가는 자택이 있는 투케에서, 나중에는 오트피레네에서 출마하려고 시도한 점에 대해서는 거의 말하지 않았다. 미셸 로카르는 지적인 면에서 자신과 가깝던 에마뉘엘이 장피에르 쉐베느망 측에서 정계에 데뷔한 점이 받아들이기 힘들었을 것이다.

에마뉘엘 마크롱은 전직 장관을 위해 일한다는 것만 밝히며 말을 아꼈다. 하지만 그가 하늘에서 떨어진 것은 아니다. 그에 대한 첫 묘사가 보여주듯 오로지 대작가에게 몰두하며, 정치와 거리가 멀거나 관심 없는 동결건조된 세상에서 자란 것이 아니다. 사실 마크롱은 항상 정치에 관심 있었고, 정치에 끌렸다. 그는 명백한 좌파 집안에서 자랐다. 1981년 미테랑 대통령의 당선을 축하한 외할머니와 마찬가지로 그의 부모도 정치에 관심이 있었지만, 정당 활동가는 아니었다. 자기도 마찬가지라고 선거의 순수성을 살리기 위해 강조했다.

그는 문학과 소설 외에도 열여섯 살 때 자크 아탈리의 《Verbatim축어적 보고》를 탐독하고 푹 빠졌다. 청소년이 읽기에는 다소 따분하지만, 그에게 이 책은 권력의 폐부를 꿰뚫는 인상을 주었다. 그는 나중에 장 라쿠튀르Jean Lacouture가 쓴 샤를 드골, 프랑수아 미테랑, 피에르 멘데스 프랑스Pierre Mendès France[87] 등 정치인의 전기를 대부분 읽었다. 그는 미셸 로카르의 책도 읽었다. 앙리 에르망드의 소개로 미셸 로카르를 만나기 전이다. 샤를 드골의 저서와 연설문도 읽었다. 그는 최근에 "그런 책을 정기적으로 다시 읽습니다. 특히 드골의 간결한 문

---

[87] 프랑스 사회주의 정치가. 총리를 지냈으며, 인도차이나에서 전쟁을 종식했다.

체와 문장을 좋아합니다"라고 밝혔다.

'정치적 흥분을 처음으로 느낀 건 언제인가?'라는 질문에 1988년 프랑수아 미테랑이 재선에 성공했을 때가 기억에 남는다고 했다. 당시 외할머니 집에서 그 소식을 접했고, 특별한 신념과 관계없이 인상 깊은 순간이 몇번 있다고 했다. 그는 1989년 11월 9일 중대한 역사적 사건인 베를린장벽 붕괴, 프랑수아 미테랑과 필립 세귄Philippe Séguin의 토론으로 유명한 마스트리흐트 조약Treaty of Maastricht(EU에 관한 조약)을 위한 운동, 유럽공동체EC 집행위원장 자크 들로르Jacques Delors의 불출마 선언, 1993년 느베르에서 피에르 베레고부아Pierre Bérégovoy[88]가 사망한 소식 등을 강렬하게 기억했다.

1995년 대선도 기억했다. 그가 파리의 앙리 4세 고등학교로 전학했으며, 아직 투표권이 없을 때다. "당시 나는 중심을 잡고 바칼로레아를 통과해야 했어요." 7년 뒤인 2002년 대선에서 극우 정당인 국민전선의 장마리르 펜Jean-Marie Le Pen이 2차 투표에 올라 모두 아연실색

---

[88] 우크라이나 이민자 출신 프랑스 정치가. 미테랑 대통령 때 총리를 지냈으나, 총리에서 물러난 직후 의문의 죽음을 맞았다.

했을 때, 그는 전쟁 중이던 나이지리아에서 국립행정학교 인턴 생활 중이었기에 모든 것에서 동떨어진 느낌이 들었다고 한다.

"2002년 4월 21일은 정말 괴이한 날이었어요. 마른 하늘에 날벼락을 맞은 듯했죠. 나는 얼이 빠졌어요. 그때 나는 나이지리아의 수도 아부자에서 우파 성향의 장마크 시몬Jean-Marc Simon 대사와 함께 있었거든요. 대선 1차 투표가 있던 밤에 우리는 비행기 사고로 사망한 프랑스인 두 명의 시신을 찾으러 가야 했죠." 그는 이 선거에서 자크 시라크가 일종의 국민투표 형식으로 당선된 데 놀랐기 때문에 확실히 기억한다고 말했다. "막후에서 어떤 정치적 합의를 거친 것도, 이를 통해 누가 정치적인 이득을 얻은 것도 아니었어요." 당시 그는 장피에르 쉐베느망을 지지했다. 그때가 마지막이다. 그는 대선 1차 투표에서 장피에르 쉐베느망에게 투표하고, 2차 투표에서는 시라크에게 투표했다.

국제적인 면에서는 당연히 2001년 9월 11일을 기억했다. 국립행정학교 재학 시절 아미앵에서 그 소식을 들었다. "나는 브리지트를 찾으러 학교에 갔어요. 그녀는 수업을 마치고 나왔고, 나는 테러 소식을 전했어요. 모두 쇼크 상태였죠."

2007년 대선 때 에마뉘엘 마크롱은 파리에서 재무감독관으로 재직 중이었다. 그는 1차에서 누구에게 투표했는지 기억나지 않고, 2차에서는 세골렌 루아얄에게 투표했다고 했다. 그는 자신의 2017년 대선 운동과 푸아투샤랑트Poitou-Charentes 주지사인 세골렌 루아얄 사이에 유사점이 보인다는 데 동의하지 않았다.

"그녀는 특유의 말투로 좋은 선거운동을 펼쳤어요. 참여에 대해 좋은 직관이 있었지만, 사회당을 결집하지 못했죠." 그는 "우리는 모든 정당에서 벗어났지만, 세골렌은 20년 넘게 의원으로 몸담은 정당 내부에서 쇄신을 택했고요. 우리가 선택한 방식이 훨씬 더 근본적이라서 오늘날 정치를 재편하고 쇄신할 수 있다고 생각해요"라고 말하며, 시대가 바뀌었다고 주장했다. "민주주의의 위기도, 국가의 상태도 극심한 상황은 아니에요."

세골렌 캠프에서는 거의 광신도에 가까운 대선 운동 열기가 있었다. 세골렌은 파란색 튜닉 원피스를 입고, 지지자들에게 '동─지─애, 동─지─애'라고 또박또박 외칠 것을 주문하며 '최고가 되도록 노력하라'고 말했다. 이런 점이 마크롱에게 영향을 미치지 않았을까? 그는 "나의 신념을 바탕으로 사람들을 결집하고, 열광하게 만들기를 좋아하는 것은 사실입니다. 그러나 비유는 아무엇도 증명하지 못합니다. 내가 튜닉 원피스를 입는 일은 없을 테니 안심하셔도 됩니다"라며 웃었다.

주사위는 던져졌다. 그런데 마크롱은 가끔 예전 사회당 후보 같은 말투를 사용한다. 그는 툴롱에서 지지자들에게 단도직입적으로 "여러분을 사랑합니다"라고 말했다. 디지털 시대의 TV 전도사 같다. 그는 확신에 차서 말했다. "정치에서 사랑을 이야기하지 않는 것은 큰 실수입니다. 사람들은 애정적인 측면, 비이성적인 측면도 필요로 하기 때문이죠. 헌신적으로 나를 드러내고, 사람들과 접촉하고, 직접 찾아다닙니다. 내가 프랑스 국민을 사랑하지 않았다면 절대 그러지 못했을 겁니다. 기회가 주어지면 말해야 한다고 생각합니다. 그들이 원하기 때문이죠." 그리고 "카이로스Kairos, 어느 순간 스쳐 지나가는 무엇이 있다"고 덧붙였다.

카이로스는 크로노스처럼 시간을 뜻하는 그리스어지만, 자연적으로 흘러가는 시간을 뜻하는 크로노스와 달리 의미를 부여할 수 있는 특정 시간, 즉 '좋은 때'를 의미한다. 성경에서는 대표적으로 '신의 때'를 말한다. 신이 구원의 화신으로서 결정적으로 개입하는 순간이다. 라루스 백과사전에서는 '어깨에 날개를 달고 발꿈치를 든 청년으로 비유되는 좋은 기회'라고 정의한다. 이때는 우연이지만 절대적인 순간이며, 곧 사라지지만 중요한 순간이다. 카이로스는 알아보지 못하면 아무런 의미가 없다. 좋은 기회를 잡는 것은 우리의 능력이자 감각이다.

우리는 아무것도 할 수 없지만, 그 순간 속에 있거나 밖에 있다. 스쳐 지나가는 한순간이 가져다주는 힘이 있다. 우리가 믿는 것이 무엇이든 행동하고, 진심으로 우리가 부여할 수 있고 부여해야 하는 것을 행해야 한다. 무엇이 스쳐 지나가고 나면 겸손해야 한다. 나중에 합리화하고 미화할 수 있지만, 그것은 진실이 아니다.

예수회 학교 출신이라서 그런가? 대선 기간 동안 에마뉘엘 마크롱은 신비로운 그리스도 같다는 놀림을 받았다. 포르트 드 베르사유에서 열린 첫 대규모 집회 당시, 그는 열광적인 군중 앞에서 목소리가 꼬인 채로 연설을 마치며 그리스도처럼 양팔을 좌우로 벌렸다. 그 후 놀림을 많이 받았다.

아임 코르시아Haïm Korsia 유대교 대제사장은 분석했다. "마크롱은 나폴레옹이에요. 나는 그가 왜 나폴레옹인지 그에게 설명했어요." 에마뉘엘 마크롱은 아임 코르시아 대제사장과 자주 연락한다. "마크롱은 사르코지, 쥐페, 발스, 올랑드 같은 지도자와 관계를 끊은 뒤에 나타났어요. 그는 나폴레옹이 앙시앵레짐Ancien Régime[89]과 프랑스혁명을 성공시켰을 때의 젊음과 혈기, 자신감이 있어요. 그는 타인을 설득하는 능력이 있죠. 젊은이가 자신에 대한 문제를 제기해서 자신을 알아간다는 점은 감동적이에요."

마크롱 후보에게 매혹된 아임 코르시아 대제사장은 계속했다. "앙 마르슈라는 이름은 의미가 있어요. 이 이름은 생텍쥐페리Antoine de Saint-Exupéry의 《야간 비행Vol de nuit》에 나오는 '인생에서 해결책은 없다. 전진하는 힘이 있을 뿐이다. 힘을 만들어야 한다. 그러면 해결책은 뒤따라온다'는 문장이 떠오르게 합니다. 알베르토 자코메티Alberto Giacometti의 조각상 〈전진하는 남자L'homme qui marche〉와 신이 아브라함에게 '안정에서 떠나라. 그리고 전진하라' '이집트에서 나가라. 그것이 편협과 유폐에서 벗어나는 길이다'라고 한 말도 연상시킵니다."

자크 시라크의 오랜 친구인 아임 코르시아와 에마뉘엘 마크롱이 정기적으로 교류한다는 사실이 흥미롭다. 그는 에마뉘엘에게 유대교의 율법 박사를 뜻하는 '라비

누Rabinou'라는 별명을 붙여주었다. 에마뉘엘 마크롱은 자신을 비방하는 자들의 빈정거림에 익숙해졌을까? 믿음이 없고 독실하지도 않은 집안에서 자라, 열두 살에 세례를 받은 그는 사명감이 있다고 느낄까?

아임 코르시아 대제사장은 말했다. "나는 뭔가 영적인 것이 있다고 생각합니다. 모든 예언자를 만드는 '내가 여기에 왔다'는 말이 그에게 딱 어울립니다. 그는 나라를 위해 뭔가 건설하기 위해 모든 것을 그만둘 수 있어요. 그는 어디에도 갇히지 않으며 다른 이들을 열광시키죠." 에마뉘엘이 카메라 없이 키푸르의 유대교회당에 왔을 때, 그는 에마뉘엘에게 가톨릭과 이슬람교의 대표를 소개해주었다. "그는 즉흥적으로 하느님의 명령을 어긴 요나의 의미에 대해서 이야기했어요." 대제사장은 마크롱이 모든 종교의 의례를 존중하며 깊이 있게 접근할 줄 아는 비결은 그가 내용을 잘 알기도 하지만 자신이 하는 일을 행복해하기 때문이라고 했다. "그에게는 어떤 극도의 흥분도 없어요."

자크 아탈리에 따르면 에마뉘엘 마크롱은 자신이 운명을 타고났다고 느낀 듯하다. 아탈리는 "그에게 대통령이 될 만한 자질이 있다고 말한 것은 사실이에요"라고 했다. 아탈리와 비슷한 생각을 하는 한 친구는 다음과 같이 말했다. "에마뉘엘 마크롱은 자신만만합니다. 30대 남자가 자신은 다르다는 감정, 본인에 대한 확신 없이 어떻게 보수 좋은 직장을 그만두고 대통령 경제 수석비서관이 되고, 경제산업부 장관이 되고, 자기 진영을 떠나 새로운 운동을 이끌고, 대통령이 되는 걸 상상이나 할 수 있겠습니까? 그는 오래전부터 그랬을 겁니다."

에마뉘엘 마크롱은 독특한 인물이다. 그는 매우 유혹적이면서도 용감하게 책임진다. 그는 정계의 파괴자인 동시에 스타다. 마린 르 펜Marine Le Pen[90]이 빈정거린 것처럼 저스틴 비버Justin Bieber[91] 같은 정치인이다. 그는 대선 때 자신의 홍보 전문가에게 집회를 정치 콘서트처럼 개최하라고 요구했다. 환호와 갈채를 받을 때 그의 두 눈은 흥분으로 반짝였다.

작가 장 도르메송Jean d'Ormesson은 에마뉘엘 마크롱을 정계의 토템으로는 무명이라고 할 수 있는 '박쥐'라며 다

---

90 프랑스 극우 정당 국민전선의 총재였던 장마리 르 펜의 딸로, 2011년부터 아버지를 대신하여 국민전선 총재를 맡고 있다.

91 1994년생 캐나다 출신 가수 겸 작곡가. 2016년에는 뮤직비디오 조회 100억 뷰를 넘은 최초의 아티스트가 되었다.

음과 같이 회상했다. "에마뉘엘의 초대를 받아 단둘이 점심 식사를 했어요. 그는 매우 똑똑하고 호감이 가는 인물이에요. 나는 그에게 '모든 정치인이 토템을 갖고 있다는 것을 아시나요? 당신은 박쥐입니다. 나는 새다. 내 날개를 보시라. 나는 쥐다. 내 발을 보시라. 잘 선택하시기 바랍니다'라고 말했어요."

에마뉘엘 마크롱이 박쥐라고? 아니면 도마뱀일 것이다. 그는 어릴 때 도마뱀의 잘린 꼬리를 항아리에 보관했다. 아마도 그는 살기 위해, 자유를 지키기 위해 꼬리를 잘라내는 이 파충류의 능력에 열광했을 것이다.

모글리 혹은 바부르

눈빛이 바뀌었다. 그의 눈빛뿐 아니라 그를 바라보는 타인의 시선도 바뀌었다. 그의 눈빛은 어린아이처럼 천진한 눈빛에서 예상 밖의 결단을 내리는 강철처럼 단단한 눈빛으로 바뀌었다. 때로는 두 눈 깊숙한 곳에서 나오는 흥분과 도취의 눈빛도 엿보인다.

정치체제와 특권계층의 '낡은 세계'를 대표하는 자의 시선은 물론, 그를 바라보는 타인의 시선이 바뀌었다. 그는 특권적인 정치 계층과 다르게 보이도록 정성 들여 노력했다. 처음에는 미심쩍어했고, 그 후에는 조롱하던 에마뉘엘 마크롱이 이제는 설득하기 어려운 존재가 되었다. 4년 전만 해도 무명이던 정계의 미확인비행물체가 2017년 대선에서 정계의 불문율을 뛰어넘고, 경력이 많은 라이벌들을 누르고 승리했다.

정계의 젊고 늙은 늑대들은 그가 작은 구두를 신고 프레피 룩preppy look[92]으로 도착하는 것을 바라보면서 입술을 핥았다. 야망을 드러내는 이 풋내기는 특이한 말투와 활발한 지성이 돋보이고, 현실의 원칙에 덤벼든다. 늑대들은 예전에 장 르카뉘에Jean Lecanuet, 장자크 세르방슈레베Jean-Jacques Servan-Schreiber, 미셸 조베르Michel Jobert 같은 진보주의자들이 정치계의 하늘에서 별똥별처럼 사라졌듯이, 그가 실수하기만 기다렸다.

에마뉘엘 마크롱이 경제산업부 장관으로 임명되었을 때, 기성 정치인들은 만족해했다. 그가 가드 회사의 문맹 직원들에게 처음 실수했을 때, 그들은 잘 안다는 듯한 표정을 지었다. 그들은 그가 그렇게 빨리 실수할 줄 몰랐다. 그러나 이 젊은이는 공손히 사과했고, 사람들이 그 실수를 잊게 만들었다. 그리고 조금씩 현대성 혹은 부흥의 상징이 되었다. "프랑스 청년은 억만장자가 되기를 원해야 한다" "자유주의는 좌파의 가치"와 같은 작은 음악이 연주되고, 신중하게 도발을 일삼았다.

---

92 미국 동부 사립 고등학교 학생들의 교복 스타일을 본뜬 캐주얼한 옷차림.

정반대로 하는 기술은 남들보다 앞서고 남들과 차별화하는 오래된 비결이다.

그가 좌우 진영의 모든 진보주의 노숙자를 결집해 힘을 하나로 모으는 앙 마르슈를 창당했을 때, 정치인들은 어린애가 프랑수아 올랑드의 가짜 코 가면을 쓴 거라고 비웃었다. 몇 주 뒤 에마뉘엘 마크롱이 대선이라는 모험에 뛰어들기로 결심하자, 늙은 정계 인사와 옛날 사람들은 남다른 이 정당의 성공적인 행보를 달리 보기 시작했다. 앙 마르슈는 실제적인 참여를 독려한 대행진 운동을 통해 프랑스인의 지지를 끌어냈다.

기성 정치인들은 노심초사하며 쥐페에게 일어난 일이 마크롱에게도 일어나기를 기다렸다. 거품이 터지기를 기다렸다. 그들은 자신이 싫어하는 바로 그 점이 마크롱 지지자들이 좋아하는 점이라는 것을 이해하지 못했다. 지지자들은 무엇보다 그의 신선함, 낙관주의를 좋아했다. 이는 시대에 뒤처진 대립과 집단주의를 타도하고자 하는 열망의 표현이다.

그는 자신만만한 태도로 명명백백히 증명하고, 자유와 평등, 박애를 혁명적으로 재해석했다. 그는 프랑스 정치에서 항상 등장하는 남성스러운 코드를 사용하지 않고 천사 같은 이미지를 보여주었다. 라이벌을 야유하게 만들고, 반대 운동을 하고, 자기 지지자에 대한 사랑을 표현하며 종전의 방식을 거부했다.

파스칼 브루크너Pascal Bruckner가 〈르몽드〉 2017년 3월 2일자에 기고한 글에서 보듯이 그는 "권력의 취향과 사랑의 힘"을 뒤섞으며, 대통령이 되고자 하기 전에 무엇보다 맹목적으로 모든 이에게 사랑받기를 원한다. 그는 우리에게 사랑한다고 말하며 유혹하기 시작했다. 집회에서 지지자들에게 "여러분을 사랑합니다"라고 황홀하게 속삭였다. 특히 군중 속에서 노래하는 지지자들에게 "여러분 덕분에 나 자신을 열렬히 사랑하게 되었습니다"라고 말했다.

외할머니가 애지중지한 이 아이는 사실 모순 덩어리다. 프랑스 5공화국의 에일리언이자 독특한 상품이다. 마크롱은 정계의 선배들처럼 숨 막히는 후견인을 세우지 않았지만, 결국 드골 식 자세를 취했다. 하늘이 도운 남자다. 정계 인물들에게, 전통적인 정당에게, 대통령에게, '아니요'라고 말하는 남자다.

그는 짧은 경력이지만 정치에 발을 담근 이후 내내 속박되지 말자고 집요하게 주장했다. 그는 자유에 족쇄가 채워지거나, 노예가 되는 것을 용납하지 못한다. 그는 은행가란 직업을 매춘부에 비교했고, 대통령 경제수석비서관의 직무를 '매일 침대 커버를 바꾸는 하녀'처럼 묘사했다. 경제산업부 장관이 된 뒤에는 당당하게 "프랑수아 올랑드에게 은혜를 입지 않았다"고 말했다. 그는 관공서, 은행, 정부에서 매번 정치·경제체제의 핵심에 위치했다. 그러나 그 안에서 동조하지 않고 관찰했다.

그는 독특한 현대의 영웅이다. 사랑하는 여인이 사람들에게 인정받도록 사생활에서 결단력을 보여주었듯이, 일에서도 사회의 저항이 무엇이든 자기 브랜드를 만들었다. 때로는 자기 이야기를 지나치게 채색하기도 하고, 자기 아내를 소통의 수단으로 만들기도 한다.

마크롱은 끊임없이 진화한다. 그는 강박적으로 어느 한 곳에 머무는 것을 두려워하는, 유동적인 여러 정체성을 확립한 듯 보인다. 그는 속박과 자기가 꿈꾼 대로 살 수 없는 것에 대한 두려움과 불만족 때문에 끊임없이 변화를 추구한다. 모리아크가 프랑수아 미테랑에 대해 "모리스 바레스Maurice Barrès[93]를 지지한 아이는 자기 삶을 지배하고자 하는 욕망에 주먹을 불끈 쥐고 고통스러

---

[93] 프랑스 작가이자 정치가. 개인주의와 극단적인 국가주의를 주장해 같은 세대에게 큰 영향을 미쳤다.

워했다. 그는 이 지배를 위해 모든 것을 희생하기로 했다"고 쓴 것처럼, 에마뉘엘 마크롱은 여전히 그런 아이다. 그 또한 자기 삶을 지배하고 싶어 한다. 그의 친구가 말했다. "그는 여전히 모글리Mowgli[94]고, 그의 외할머니는 바기라Bagheera[95]다. 그러나 이제 그가 황제 바부르Bābur[96]가 되었다."

---

[94] 키플링Joseph Rudyard Kipling의 소설 《정글 북The Jungle Book》에 나오는 늑대가 기른 소년.

[95] 키플링의 소설 《정글 북》에 나오는 흑표범. 바기라는 모글리의 친구가 되기도 하고, 보호자가 되기도 하고, 스승이 되기도 한다.

[96] 칭기즈 칸과 티무르의 후예로 중앙아시아의 작은 왕국 페르가나의 왕이었으나, 인도를 정복하여 무굴제국을 세웠다.

완벽한 남자
에마뉘엘
마크롱

펴낸날 2018년 3월 20일 초판 1쇄
지은이 안느 풀다
옮긴이 김영란
만들어 펴낸이 정우진 강진영 김지영
꾸민이 Moon&Park(dacida@hanmail.net)
펴낸곳 (04091) 서울 마포구 토정로 222 한국출판콘텐츠센터 420호 도서출판 황소걸음
편집부 (02) 3272-8863
영업부 (02) 3272-8865
팩 스 (02) 717-7725
이메일 bullsbook@hanmail.net / bullsbook@naver.com
등 록 제22-243호(2000년 9월 18일)
ISBN 979-11-86821-19-0 03990

황소걸음
Slow&Steady

잘못된 책은 바꿔드립니다.
값은 뒤표지에 있습니다.

이 도서의 국립중앙도서관 출판시도서목록(CIP)은 서지정보유통지원시스템
홈페이지(http://seoji.nl.go.kr)와 국가자료공동목록시스템(http://www.nl.go.kr/kolisnet)에서
이용하실 수 있습니다. (CIP제어번호 : CIP2018007241)